AF273728

Un mundo
perplejo

PALABRA

© José Ramón Ayllón, 2024
© Ediciones Palabra, S.A., 2024
Paseo de la Castellana, 210 – 28046 MADRID (España)
Telf.: (34) 91 350 77 20 – (34) 91 350 77 39
www.palabra.es
palabra@palabra.es

Diseño de portada: Equipo editorial
Fotografía de portada: © Adobe Stock
ISBN: 978-84-1368-364-5
Depósito Legal: M-5.688-2024
Impresión: Gohegraf, S.L.
Printed in Spain – Impreso en España

José R. Ayllón

Un mundo
perplejo

dBolsillo

A Federico y Covadonga,
que despejan perplejidades
entre plato y plato.

Índice

A los perplejos

No vivimos una época de cambio, sino un cambio de época que produce confusión, incertidumbre, desasosiego.

Lecturas y conversaciones con amigos, colegas y alumnos me han ido aclarando las causas principales de esa profunda perplejidad:

- Un sufrimiento que no asimilamos.

- Una felicidad tan irrenunciable como esquiva.

- Una familia profundamente herida.

- Una realidad mutante, difícil de comprender.

- Un Dios más misterioso que todos los enigmas.

Esos amigos, colegas y alumnos son tipos que dudan, piensan, leen, discuten y se hacen preguntas, mientras observan, incrédulos, cómo se evapora el viejo sentido común, cómo se confunden el bien y el mal, se tambalean las relaciones familiares y se vuelven líquidas muchas referencias sólidas que fueron grandes baluartes durante siglos.

Creo que no exagero. Hay formas de vida que nos construyen y otras que nos destruyen. Hoy la vida nos complica en exceso y multiplica hasta la epidemia las patologías mentales. Se trata de problemas serios, peligrosamente normalizados: pornografía, sexualidad desbordada, alcohol, afectos nocivos, relaciones tóxicas, compras innecesarias, pantalleo compulsivo...

Causa y efecto de esta situación patológica es un despiste existencial generalizado, donde destacan algunos rasgos:

- Los sofistas fueron desacreditados por Sócrates, pero hoy ganan por goleada.
- Desconocemos las virtudes fundamentales.
- Los sentimientos se imponen sobre la verdad.
- Nos afiliamos de forma acrítica al agnosticismo.
- El mundo virtual nos acosa, pero el mundo real es cómplice.

- Cultivamos una infantilizada cultura de la queja: todos estamos oprimidos y la culpa la tienen siempre los demás.

- Expandimos los derechos sin la contrapartida de los deberes y las obligaciones.

- Ideologizamos hasta el oxígeno y amordazamos el día a día con normativas impertinentes.

- Frente a los 106 trastornos mentales de los años 70, hoy tenemos catalogados 370, aunque una sana psicología sabe que los problemas no son enfermedades.

Eso que llamamos mundo, por sus dimensiones inabarcables, por sus mentiras y sus chanchullos, por sus abusos y demasías, ha sido siempre una fuente inagotable de perplejidades. Grandes perplejos han sido, y son, las víctimas de todas las guerras y persecuciones, los adolescentes y sus padres, los universitarios y los jubilados, Don Quijote y Sancho, Ofelia y Hamlet…

Para encajar el desconcierto, los humanos hemos recurrido, desde hace siglos, a los caprichos de la diosa Fortuna; a la influencia de los astros; a las Hilanderas, al Destino, a las religiones… Hoy otorgamos nuestra confianza a la ciega evolución y al tontorrón azar, a psicólogos y psiquiatras a menudo tan perplejos como nosotros. Con resultados bien pobres, a juzgar por los hechos. España –seguida de cerca por muchos países occidentales– está a la cabeza del consumo de ansiolíticos y de suicidios, pero también de cirugía estética, caída de nacimientos y leyes contra la vida, en una inquietante correlación que apunta de forma inequívoca a una causa que no nos atrevemos a abordar: el sinsentido de la vida.

Estas páginas introductorias, crudas en el diagnóstico, quieren ser esperanzadoras en el resto del libro. Aludo de nuevo a esos colegas, alumnos y amigos. Ellos y yo, lectores ávidos, hemos buscado soluciones y hemos seleccionado aquellas que nos han brindado los mejores, desde Sócrates a Viktor Frankl.

I
POR QUÉ SUFRIMOS TANTO

A partir de entonces, a partir del día en que te fuiste, ya nada me importaba. Ni los niños, ni Dios, ni nada. Era como si no supiera qué cataclismo me había fulminado. Era como si de pronto hubiera dejado de vivir. Había ido viviendo año tras año, y de pronto la vida cesaba. No se detenía sin más, sino con un chirrido horrible. Pensé: si para él no valgo nada, tampoco valgo nada para mí misma, para nadie. Eso fue lo peor. Sentía que se me iba a romper el corazón. ¿Qué digo? Se me había roto. Así, sin más. Y sigue roto, si te interesa saberlo. Esa es la verdad, en pocas palabras. Lo puse todo en ti: todos los huevos en la misma cesta. Eso es lo que hice. Y todos los huevos acabaron podridos en la misma cesta.

Raymond Carver

1. Universal, incomprensible e inevitable

El misterio envuelve cuestiones como el origen y el fin del universo, la estructura última de la materia, la diversificación de las especies, y tantas otras. El sufrimiento, además de misterio, es un problema. Porque nos afecta muy directamente: puede incordiarnos a diario y llega a presentarse insoportable y trágico en ciertas ocasiones. Es el problema más grave de la humanidad, la realidad humana más desconcertante, pues en su descripción figuran tres adjetivos abrumadores: universal, inevitable e incomprensible. Nos sentiríamos muy aliviados de poder concentrar todos los males en un día al año: la Jornada Mundial del Dolor. Pero no tenemos esa fortuna. Las páginas de sucesos dan cuenta de la epidemia cada uno de los 365 días de cada año.

Solemos distinguir entre el dolor físico y el sufrimiento anímico. El sufrimiento es la resonancia emocional que nos causan ciertos hechos de índole fisiológica o psicológica. Así, el dolor del cuerpo se suele transformar en sufrimiento –dolor del alma– cuando su origen es desconocido, cuando es abrumador, cuando no parece controlable, cuando se considera espantoso. Ya hemos dicho que la causa del sufrimiento –dolor del alma– no es solo el dolor físico. Así lo vemos en este vigoroso párrafo escrito en el siglo IV:

> Me hice íntimo amigo de un antiguo compañero de estudios. Los dos éramos jóvenes. Pero he aquí que le dio una fuerte calentura y murió. Durante un año, su amistad había sido para mí lo más agradable de la vida, así que la vida se me hizo inaguantable: la ciudad, mi casa y todo lo que me traía su recuerdo era para mí un continuo tormento. Le buscaba por todas partes y ya no estaba. Solo llorar me consolaba. Era yo entonces un miserable prisionero del amor, y me sentía despedazar por ese amor perdido. Así vivía yo, y lloraba de amargura y descansaba en la amargura (...). Me maravillaba que, muerto aquel a quien tanto había querido, siguiera yo viviendo. Bien dijo el poeta Horacio que su amigo era la mitad de su alma, porque yo sentí también que su alma y la mía no eran más que una en dos cuerpos.
>
> San Agustín, *Confesiones*

Ni los ricos, ni los poderosos, ni los famosos se libran del zarpazo del sufrimiento. Ni los dueños del mundo. **Felipe II**, el rey que murió en 1598, empezó a convertirse en un inválido seis años antes, cuando la gota, con dolores agudísimos, fue impidiendo progresivamente sus movimientos. Nos lo cuenta su capellán, Fray Antonio Cervera de la Torre. Durante los dos últimos e interminables años:

La enfermedad no le dejó sino el pellejo y los huesos, y tan sin fuerzas que le fue forzoso andar en una silla e ir como si le llevaran a enterrar cada día. A esto se sumó un principio de hidropesía que le hinchó el vientre, los muslos y las piernas, bastando este rabioso accidente para descomponer al hombre más asentado del mundo. Se le hicieron llagas en los dedos de manos y pies, que le atormentaban especialmente cuando las curaban. Los últimos dos meses no le fue posible dejar la cama ni cambiar de postura, de forma que ni se le pudo mudar la ropa que tenía debajo, ni menearle o levantarle un poco para limpiarle los excrementos de la necesidad natural. Y así se convirtió aquella cámara real en poco menos que muladar podrido, y digo poco, porque no era sino harto peor.

2. Tres respuestas: Caos, Destino, Providencia

El carácter misterioso del dolor aumenta el desconcierto que nos produce. Nadie decide el día de su nacimiento, y casi nadie el de su muerte. Tampoco escogemos nuestras enfermedades e infortunios. Nacer, morir y sufrir, por ser realidades fundamentales que escapan a nuestra voluntad, plantean dos preguntas radicales: ¿Quién mueve los hilos de nuestra existencia?, ¿quién mueve los hilos del sufrimiento? Parece que solo caben tres posibles respuestas, Muy bien resumidas por el emperador **Marco Aurelio**: Caos ciego, Destino inmutable o Providencia buena.

El caos como explicación –en realidad, como negación de toda explicación– ha tenido pocos defensores. Uno de los más famosos, **Nietzsche**, tiene buena pluma y mala vista cuando escribe: "He encontrado en las cosas esta feliz certidumbre: prefieren danzar con los pies del azar".

Los que apuestan por el Destino integran la postura deísta, representada por el estoicismo antiguo y la Ilustración moderna. Atribuyen la aparición del cosmos a una ley universal impersonal. "Creo", dice **Einstein,** "en el Dios de **Spinoza**, que se revela en la armonía de todo lo que existe, pero no en un Dios que se preocupa del destino y las acciones de los hombres". **Carl Sagan**, uno de los últimos defensores de esta Divinidad impersonal, pensaba que "imaginar a Dios como un varón blanco y descomunal, con barba blanca, que se sienta en el cielo y controla el vuelo de cada gorrión, es ridículo. Pero si por Dios entendemos el conjunto de leyes físicas que gobiernan el universo, no hay duda de que existe". Sagan era un excelente divulgador, pero en este caso, además de tomar el símbolo por lo simbolizado –el rábano por las hojas– deja sin explicar cómo es posible un conjunto de leyes sin un legislador.

El pensamiento antiguo occidental se decantó, en general, hacia la Providencia. Casi todos los clásicos grecolatinos, con más o menos reservas y matices, apuestan por una **Suprema Inteligencia** interesada en los asuntos humanos. Piensan así Heráclito y Parménides, Anaxágoras, Sócrates, Platón y Aristóteles, Cicerón y Séneca. Sin desconocer que con dolores agudísimos ha repetido la doctrina estoica sobre la inmanencia de Dios en el mundo, hay que señalar el esfuerzo del filósofo por superar el dogma estoico y proclamar sin titubeos la existencia de **un Dios trascendente y personal:** de Él dirá que es nuestro creador y padre, que determinó nuestros derechos en la vida, a quien nada se oculta y cuyo propósito es la bondad.

3. La Providencia y el dolor

No es fácil compaginar la Providencia con el sufrimiento que la propia naturaleza física causa al hombre. Sin embargo, se piensa desde Platón que la naturaleza ofrece suficiente armonía como para no dudar de la Divinidad. Para los griegos, el orden del mundo prueba que se halla regulado por Dios, y su desorden demuestra que Dios es más grande que sus propias leyes. Pero el hombre que sufre no tiene la cabeza clara para pensar así.

Se nos dice que el dolor es una emoción contraria al placer, una voz de alarma del organismo enfermo, un reflejo de protección. Todo eso es verdad, pero no explica la existencia del dolor ni el agobio íntimo del que sufre. Tampoco sabemos si es una venganza siniestra, como la caja de Pandora, o quizá la gran oportunidad de mostrar lo mejor de uno mismo, como intuyó **C. S. Lewis.**

Sobre dicha intuición, Lewis escribió *The problem of pain*, donde nos dice que el dolor, la injusticia y el error son tres tipos de males con una curiosa diferencia. La injusticia y el error pueden ser ignorados por el que vive dentro de ellos. El dolor, en cambio, no puede ser ignorado, es un mal desenmascarado, inequívoco: toda persona sabe que algo anda mal cuando ella sufre. Y es que, dice Lewis:

> Dios nos habla por medio de la conciencia y nos grita por medio de nuestros dolores: los usa como megáfono para despertar a un mundo sordo.

Añade Lewis que un hombre satisfecho en su injusticia no siente la necesidad de corregir su conducta equivocada. En cambio, el sufrimiento destroza la ilusión de que todo marcha bien. Por eso:

> El dolor es la única oportunidad que el hombre injusto tiene de corregirse: porque quita el velo de la apariencia e implanta la bandera de la verdad dentro de la fortaleza del alma rebelde.

El dolor causado por el propio hombre es sin duda el más fácil de comprender, porque lo experimentamos como posibilidad constante de la libertad. Una queja de Zeus en la *Odisea* pone de manifiesto la exclusiva responsabilidad humana en muchos males:

> ¡Ay, cómo culpan los mortales a los dioses!, pues de nosotros, dicen, proceden los males. Pero también ellos por su estupidez soportan dolores más allá de lo que les corresponde.

Estas palabras de Zeus se anticiparán siempre a la historia, pues son los hombres quienes han inventado los potros de tortura, la esclavitud, los látigos, los cañones y las bombas. La responsabilidad humana en el sufrimiento humano es, de hecho, abrumadora. No solo la naturaleza se arma contra el hombre y lo destruye; sabemos que también el hombre se arma contra el hombre y se convierte –como recuerda **Ibáñez-Lan-**

glois– en carne de cañón, carne de la carnicería de Auschwitz, carne de feto abortivo, carne desintegrada en Hirosima, carne que muere en las guerras y guerrillas constantes, carne aplastada en las sistemáticas persecuciones de los grandes imperios. **Hobbes** se quedó corto: por desgracia, el hombre ha demostrado ser, cuando se lo ha propuesto, mucho peor que lobo para el hombre.

La existencia del dolor, y en concreto el sufrimiento de los inocentes, es el gran argumento del ateísmo. **Elie Wiesel** (1928-2016) era un adolescente judío que llegó una noche, en un vagón de ganado, a un campo de exterminio:

> No lejos de nosotros, de un foso subían llamas gigantescas. Estaban quemando algo. Un camión se acercó al foso y descargó su carga: ¡eran niños! Sí, lo vi con mis propios ojos. No podía creerlo. Tenía que ser una pesadilla. Me mordí los labios para comprobar que estaba vivo y despierto. ¿Cómo era posible que se quemara a hombres, a niños, y que el mundo callara? No podía ser verdad. Jamás olvidaré esa primera noche en el campo, que hizo de mi vida una larga noche bajo siete vueltas de llave. Jamás olvidaré esa humareda y las caras de los niños que vi convertirse en humo. Jamás olvidaré esos instantes que asesinaron a mi Dios y a mi alma, y que

dieron a mis sueños el rostro del desierto. Jamás olvidaré ese silencio nocturno que me quitó para siempre las ganas de vivir.

Aquel muchacho judío no pudo entender el silencio del Dios en el que creía, del Señor del Universo, del Todopoderoso y Eterno. Tampoco pudo entender la plegaria sabática de los demás prisioneros.

Todas mis fibras se rebelaban. ¿Alabaría yo a Dios porque había hecho quemar a millares de niños en las fosas? ¿Porque hacía funcionar seis crematorios noche y día? ¿Porque en su omnipotencia había creado Auschwitz, Birkenau, Buna y tantas fábricas de la muerte?

Me parece oportuno recordar la protesta de Zeus, pues no es decente echar sobre Dios la responsabilidad de nuestros crímenes. Pero nos gustaría preguntarle por qué ha concedido a los hombres la enorme libertad de torturar a sus semejantes. Nos gustaría preguntar, como **Shakespeare,** "por qué el alma humana, que a veces lleva tanta belleza, tanta bondad, tanta savia de nobleza, puede ser el nido de los instintos más deshumanizados". Quizá sirva como respuesta la que ofrece **Jean-Marie Lustiger** (1926-2007), otro muchacho judío, perseguido también por los nazis:

Yo tenía la sensación de que nos hundíamos en un abismo infernal, en una injusticia monstruosa. Hay en la experiencia humana abismos de maldad que la razón no puede ni siquiera calificar. Bruscos virajes hacia lo irracional, donde las causas no están en proporción con los efectos. Y los hombres que encarnan esa maldad parecen pobres actores, porque el mal que sale de ellos les excede infinitamente. Son peleles, títeres insignificantes de un mal absoluto que los desborda. Y el rostro que se oculta tras el suyo es el de Satán. Solo así se explica que una civilización que desea la razón y la justicia caiga en todo lo contrario: en la aniquilación y en el absurdo absoluto.

Los dos adolescentes –Elie Wiesel y Jean-Marie Lustiger– se salvaron de la barbarie nazi. El primero era un judío creyente que perdió su fe. El segundo era un adolescente ateo que llegó a la conclusión de que solo Dios puede explicar el absurdo del mal. Medio siglo después, Wiesel era Premio Nobel de la Paz, y Lustiger, arzobispo de París.

Desde antiguo, la extensión e intensidad del sufrimiento humano ha hecho intuir, junto a un Dios bueno, la existencia de un principio maligno con poderes sobrehumanos. Pero si el Dios bueno es todopoderoso, Él aparece como último responsable del triunfo del dolor, al menos por no impedirlo. Por eso, sumergida tantas veces en el horror, la historia humana se convierte a veces en el juicio a Dios, en su acusación por parte del hombre. Hay épocas en las que la opinión pública sienta a Dios en el banquillo. Sucedió en el siglo de Voltaire y ha sucedido a lo largo de todo el siglo XX. Me gustaría exponer las conclusiones opuestas de otro premio Nobel y otro obispo, testigos privilegiados de este proceso a Dios: el novelista Albert Camus y el Papa Juan Pablo II.

4. Albert Camus y Juan Pablo II

> Bajo el sol de la mañana una gran dicha se balancea en el espacio. Bien pobres son los que tienen necesidad de mitos.
>
> Albert Camus

Los biógrafos de Camus (1913-1960) atribuyen su profunda incredulidad a una herida que nunca cicatrizó, producida en la adolescencia por el zarpazo del mal. Vivía en Argel. Tenía quince o dieciséis años y paseaba con un amigo a la orilla del mar. Se encontraron con un revuelo de gente. En el suelo yacía el cadáver de un niño árabe, aplastado por un autobús. La madre daba alaridos y el padre callaba. Camus, después de unos momentos, mostró a su amigo el cielo azul, señaló luego el cadáver y dijo: "Mira, el cielo no responde".

Años más tarde, Camus sufrió en sus carnes el choque brutal de la enfermedad grave. Un hedonista apasionado del mar y del sol se descubre enfermo. El absurdo se instala en una vida que solo quería cantar. Y entonces es cuando hace decir a *Calígula* esa "verdad muy sencilla y muy clara, un poco tonta, pero difícil de descubrir y pesada de llevar... Los hombres mueren y no son felices".

Camus se esfuerza en compaginar el sinsentido de la vida con el hedonismo. Su solución voluntarista se resume en una línea: "Es preciso imaginarse a Sísifo dichoso". *La peste* será un nuevo intento de hacer posible la vida dichosa en un mundo sumergido en el absurdo y con la muerte como telón de fondo. Más que una novela, es la radiografía de la generación que ha vivido la Segunda Guerra Mundial. Camus ya no habla de su sufrimiento, sino de esa inmensa ola de dolor que sumergió al mundo a partir de 1939. En sus páginas habla el dolor del mundo, no el dolor del escritor.

Al final de la novela, el autor nos recuerda que las guerras, las enfermedades, el sufrimiento de los inocentes, la maldad del hombre hacia el hombre solo conocen treguas inciertas, tras las cuales reaundarán su ciclo de pesadilla. Estas son sus palabras:

Escuchando los gritos de alegría que subían de la ciudad, Rieux recordaba que esta alegría estaba siempre amenazada. Porque sabía lo que esta multitud alegre ignoraba, y que puede leerse en los libros: que el bacilo de la peste –léase "el mal"– no muere ni desaparece jamás, que puede permanecer durante decenas de años dormido en los muebles y en la ropa, que espera pacientemente en las habitaciones, en los sótanos, en los baúles, en los pañuelos y en los papeles, y que quizá llegaría un día en que, para desgracia y enseñanza de los hombres, la peste despertaría otra vez a sus ratas y las enviaría a morir en una ciudad dichosa.

El Papa Juan Pablo II –Karol Wojtyla (1920-2005)– acertó a resumir en su carta *Salvifici doloris* el sentido cristiano del dolor, afirmando en su inicio que la Biblia es un gran tratado sobre el sufrimiento. En el Antiguo Testamento encontramos enfermedades y guerras, muerte de los propios hijos, deportación y esclavitud, persecución, hostilidad, escarnio y humillación, soledad y abandono, infidelidad e ingratitud, así como remordimiento de conciencia y depresión. Pero, si el sufrimiento es inevitable, también es inevitable preguntarse por qué.

Los amigos de Job interpretan su desgracia como un castigo por pecados cometidos. Sin embargo, Dios reprocha esa interpretación y reconoce que Job no es culpable. Estamos ante el escándalo del sufrimiento de un inocente, provocado por Dios para demostrar la santidad de Job, pues el sufrimiento pone a prueba a ese hombre justo.

El Papa señala que la última palabra tampoco la tiene el libro de Job, sino la respuesta que Dios da al hombre en **la cruz de Jesucristo**. "Tanto amó Dios al mundo, que entregó a su Hijo único para que todo el que crea en Él no perezca, sino que tenga la vida eterna". Estas palabras de Cristo a Nicodemo indican que el hombre será salvado mediante el propio sufrimiento de Cristo. El sufrimiento, vinculado misteriosamente al pecado original y a los pecados personales de los hombres, es padecido misteriosamente por el mismo Dios. Repito de intento el adverbio "misteriosamente" porque es la misma Iglesia católica la que reconoce la profundidad de una explicación que, a fin de cuentas, exige un acto de fe.

Jesucristo, además de declarar bienaventuradas a muchas personas probadas por diversos sufrimientos, pasó por Palestina curando enfermedades y consolando a gentes afligidas. Él mismo sufrió en sus carnes y en su alma la fatiga, el hambre, la sed, la incomprensión, el odio y la tortura de la Pasión. Particularmente conmovedora es la profecía de Isaías que describe esa amarga y cruel Pasión:

> No hay en Él parecer, no hay hermosura que atraiga las miradas, ni belleza que agrade. Despreciado, desecho de los hombres, varón de dolores, conocedor de todos los quebrantos, ante quien se vuelve el rostro (...). Pero fue traspasado por nuestras iniquidades y molido por nuestros pecados. Nuestro castigo cayó sobre Él y en sus llagas hemos sido curados.

Ponía Camus, como ejemplo de amistad verdadera, la de "un hombre cuyo amigo había sido encarcelado y todas las noches se acostaba en el suelo de su habitación para no gozar de una comodidad arrebatada a aquel a quien amaba". Y añadía el novelista que la gran cuestión para los hombres que sufrimos es la misma: "¿Quién se acostará en el suelo por nosotros?". Sin proponérselo explícitamente, Juan Pablo II responde a Camus con la tortura de Cristo en el Calvario: "Si no hubiera existido esa agonía en la cruz, la verdad de que Dios es Amor estaría por demostrar".

De todas las respuestas al misterio del sufrimiento, esta que **san Pablo** llamará "la doctrina de la Cruz" es la más radical. Porque nos dice que, si la Pasión de Cristo es el precio de la Redención, el sufrimiento humano es la colaboración del hombre en su misma redención. Por eso la Iglesia considera el sufrimiento un bien ante el cual se inclina con veneración, con la profundidad de su fe en la Redención.

Cristo no escondía a sus oyentes la necesidad del sufrimiento: *Si alguno quiere venir en pos de mí, tome su cruz cada día...* Varias veces anuncia a sus discípulos que encontrarán odio y persecuciones por su nombre, al mismo tiempo que se revela como Señor de la Historia: *En el mundo tendréis tribulación, pero confiad: Yo he vencido al mundo.*

Si el sufrimiento puede hundir y aplastar, también es cierto que puede acrisolar el corazón humano y acercarlo a Dios. Al sufrimiento deben su profunda conversión, entre otros muchos, santos como Ignacio de Loyola o Francisco de Asís, porque entendieron que Cristo, al morir en la cruz, ha tocado y regenerado las raíces mismas del mal. Por otra parte, aunque la respuesta de Cristo en la cruz es inequívoca, puede ser desconocida por muchos, o puede necesitar bastante tiempo para ser percibida y aceptada interiormente.

Juan Pablo II explica que, en la parábola del buen samaritano, Jesucristo nos dice que nadie debe ser indiferente ante el dolor ajeno. Que no podemos pasar de largo. Que hemos de pararnos junto al que sufre, y no con curiosidad, sino con disponibilidad. El buen samaritano se conmueve, pero también ofrece su ayuda. Encontramos aquí uno de los rasgos esenciales de la antropología cristiana: la dignidad del hombre se realiza en la entrega afectiva y efectiva a los demás. Juan Pablo II llega a decir que parte del sentido del sufrimiento consiste en ser despertador de un amor compasivo y desinteresado hacia el prójimo sufriente. Y añade que las instituciones sanitarias, siendo indispensables, no pueden sustituir al corazón humano, pues no pueden compadecerse y amar.

Por esta parábola entendemos que el cristianismo es la negación de cualquier pasividad ante el sufrimiento. Y nos reafirmamos en esta apreciación al escuchar el agradecimiento de Cristo "porque tuve hambre y me disteis de comer. Tuve sed y me disteis de beber. Estuve preso y vinisteis a verme", pues "cuantas veces hicisteis eso a uno de mis hermanos pequeños, a Mí me lo hicisteis".

Cito las palabras finales de la carta *Salvifici doloris*:

El sufrimiento está presente en el mundo (…) para hacer que nazcan obras de amor al prójimo, para transformar toda la civilización humana en la civilización del amor (...). Las palabras de Cristo sobre el Juicio Final permiten comprender esto con toda la sencillez y claridad evangélica (...). Cristo ha enseñado al hombre al mismo tiempo a convertir su sufrimiento en un bien y a hacer bien a quien sufre. Bajo este doble aspecto ha manifestado cabalmente el sentido del sufrimiento.

5. Séneca a los que sufren

Estamos ante uno de los sabios romanos que más huella ha dejado en la posteridad. Con enorme erudición y magnífio estilo, contemporáneo de san Pablo, Séneca escribió obras de teatro y ensayos morales sobre la providencia, la constancia, la clemencia, el ocio, la tranquilidad del alma, la vida feliz, la brevedad de la vida. Tienen especial interés sus *Epístolas morales a Lucilio*. Su pensamiento debe mucho a Sócrates y está firmemente orientado hacia la exhortación a la virtud, por lo que sus escritos poseen un valor altamente educativo.

- Vivir no es un camino de rosas. Más bien es una larga marcha donde vas a resbalar, tropezar, caer y fatigarte.

- Hay que quitar importancia a las dificultades y llevarlas con ánimo alegre. Es más humano reírse de la vida que llorarla.

- La soledad no es estar solo, es estar vacío.

- Una persona inteligente se repone pronto de un fracaso.

- Si te sientes infeliz, eres esclavo de los hombres, de las cosas y de la vida.

- La vida no es un bien ni es un mal: es la ocasión de hacer el bien y el mal.

- Alégrate con las alegrías de los demás, conmuévete con sus desgracias, y no olvides lo que debes hacer y evitar.

- Cualquier cosa que le suceda a un hombre bueno la soportará con serenidad, pues sabrá que eso le ha sucedido por voluntad de Dios.

- En medio de la seguridad debe el alma prepararse para las dificultades, y afianzarse contra los reveses de la Fortuna en medio de sus favores. El soldado se ejercita en tiempo de paz, levanta empalizadas sin enemigo enfrente y se fatiga en trabajos superfluos para poder bastarse cuando sea necesario. A quien no quieras ver temblando en plena acción, ejercítalo antes de la acción.

– Sopesa la esperanza y el temor, y en la duda decide a tu favor: confía en lo que más te agrade. Aunque el miedo pese más, inclínate al lado contrario, deja de angustiarte y recuerda constantemente esta idea: que la mayor parte de los humanos se exasperan e inquietan aunque no sufran mal alguno ni sea seguro que lo vayan a sufrir.

BIBLIOGRAFÍA

Viktor Frankl, *El hombre en busca de sentido*

Un joven psiquiatra vienés, **Viktor Frankl,** tuvo el acierto de escribir *El hombre en busca de sentido*, magnífico relato de un superviviente, más atractivo que una buena novela de aventuras. Entre sus recuerdos de Auschwitz, leemos algo muy significativo: que "algunos hombres iban de barracón en barracón consolando a los demás, dándoles el último trozo de pan que les quedaba". Puede que fueran pocos, observa Frankl, "pero ofrecían pruebas suficientes de que al hombre se le puede arrebatar todo salvo la última libertad: la elección de su propio camino". La conclusión del, por entonces, inexperto psiquiatra, va a ser consoladora y sabia:

> ¿Qué es en realidad el hombre? Es el ser que ha inventado las cámaras de gas y, al mismo tiempo, ha entrado en ellas con paso firme, musitando una oración.

Para descubrir el sentido de la propia vida señalaba Frankl tres experiencias primordiales: el amor a una persona, el servicio a un ideal y plantar cara al sufrimiento inevitable. Por eso advertía que, si poner las propias energías al servicio de los demás es parte integrante de la felicidad, lo contrario, el mirarse a uno mismo, neurotiza.

Respecto al sentido del dolor, Frankl formulaba dos preguntas:

> ¿Están ustedes seguros de que el mundo humano es el punto final en la evolución del cosmos? ¿No es concebible que exista otra dimensión, más allá del mundo del hombre, donde la pregunta sobre el significado último del sufrimiento obtenga respuesta?

Buen conocedor de la Biblia, si a Frankl le preguntaban qué valores promover para combatir el vacío existencial, solía responder que los Diez Mandamientos. Y explicaba, con la convicción de quien lo ha vivido, que "cuando la gente vuelve la espalda a Dios, se llega al desprecio de la vida".

II
LA FELICIDAD QUE NO LLEGA

Mujercitas. Año: 2019. Director: Greta Gerwig.
Saoirse Ronan, Timothee Chalamet. Foto: Wilson Webb
© Photo12 via AFP / AFP / ContactoPhoto

Los hombres mueren y no son felices.

Albert Camus

Perseguir la felicidad quizá sea pedir demasiado a la vida. Pero eso solo lo saben los adultos. De ahí que, cada nueva generación la siga cortejando como si fuera asequible, incluso como si fuera un derecho. De ahí también el fracaso del empeño y la perplejidad del pretendiente. La mejor manera de no alcanzar la felicidad es desearla ardientemente, sin conocer su manual de instrucciones.

6. Breve historia de la felicidad

Hemos de reconocer que **Aristóteles** estudia la felicidad en páginas insuperables de su *Ética a Nicómaco*, y que todo análisis posterior, en Occidente, incorpora las notas esenciales estudiadas por el filósofo griego. De entrada, Aristóteles reconoce que casi todo el mundo llama felicidad al máximo bien que se puede conseguir, aunque nadie sabe exactamente en qué consiste. Con metodología sociológica observa que unos la identifican con el placer, la riqueza o los honores, mientras otros piensan que es otra cosa; a menudo, la misma persona cambia de opinión y, cuando está enferma, cree que la felicidad es la salud; si es pobre, la riqueza; si es inculta, la cultura…

La historia, por boca de sus grandes protagonistas, parece dar la razón a Aristóteles. **Abderramán III,** en cincuenta años de poder y esplendor, va anotando en su diario "los días de pura y auténtica felicidad que he disfrutado: suman catorce". **Napoleón,** jovencísimo dueño y señor de media Europa, escupe aburrimiento, asegura que la grandeza y la gloria le resultan insípidas, y escribe esta perla: "A mis veintiocho años he agotado todo".

El análisis aristotélico de la felicidad no ha terminado. Es completo y certero. El filósofo la identifica, sobre todo, con **la vida virtuosa**, sin olvidar que necesitamos **recursos materiales y amigos,** pues sin ellos es muy difícil hacer algo. Como esa posesión no depende totalmente de nosotros, está claro que la felicidad requiere **cierta buena suerte.** En este sentido, si algo es un **don divino,** más debe serlo la felicidad *(eudaimonía)*, puesto que es la mejor de las cosas humanas.

Cuando la razón otorga al placer una permanente luz verde, nace la **propuesta hedonista.** Consiste en abusar de la naturaleza hasta exprimir su capacidad de proporcionar sensaciones placenteras. Tal abuso no queda impune, pues la naturaleza se resiente de un tratamiento antinatural. Plutarco nos presenta a un **Alejandro Magno** que sale indemne de durísimos combates, mares e inviernos, pero encuentra la muerte siendo joven, por su excesiva afición al vino, después de una orgía en Babilonia. El hedonismo puro y duro es difícil de justificar, pues en la práctica se enfrenta siempre a un problema de resistencia de materiales. **Séneca** repudia la acostumbrada glotonería de los romanos, y la hace responsable, con curioso ojo clínico, de estos síntomas:

La palidez y temblor de los músculos impregnados por el vino, de los vientres hinchados por contener más de lo que deben, de los rostros abotargados, las articulaciones entumecidas, las palpitaciones, los vértigos, los dolores de ojos y oídos, las punzadas en el cerebro ardiente, las úlceras internas y las innumerables clases de fiebre.

El hedonista **Epicuro** advirtió ese peligro, y se vio obligado a reconocer que los placeres desatados, lejos de proporcionar la felicidad, nos pasan una enojosa factura. Si primero dice que "el placer es el principio y el fin de una vida feliz", luego se desdice al matizar que "renunciamos a muchos placeres cuando de ellos se sigue un trastorno mayor".

Séneca y **los estoicos** aseguran que la felicidad se encuentra en la liberación de las pasiones. Para evitar desengaños, cultivan la indiferencia hacia los bienes que la diosa Fortuna puede dar o quitar. El estoico quiere ser autosuficiente, bastarse a sí mismo. Entiende la felicidad como sosiego. Pero la pretensión de amputar el deseo no es posible. Y, si lo fuera, su fruto serían seres humanos disecados.

En el inicio de la modernidad, **los ilustrados** fueron protagonistas de un renovado interés por la felicidad, hasta caer en la obsesión, y la concibieron en la forma pragmática que se ha denominado *utilitarismo*. "No tenemos otra cosa que hacer en este mundo que procurarnos sensaciones y sentimientos agradables", escribía

Madame du Châtelet, la gran amiga de Voltaire. El mañana es incierto y el más allá está oscuro. Busquemos la felicidad en la tierra. Y pronto.

A comienzos del tercer milenio, la felicidad sigue siendo tan esquiva e improbable como siempre. Su atracción inevitable convierte la vida humana en búsqueda constante de un paraíso que no encontramos en ningún mapa. Es la gran asignatura pendiente en el plan de estudios de la vida misma, la laguna más grande en todo currículum. Ciertamente ocupa y envuelve nuestra vida entera, pero vestida casi siempre de ausencia. Es, en palabras de **Julián Marías,** un 'imposible necesario', algo que buscamos por dentro, por fuera, por encima y por debajo de todo lo que hacemos. Las cosas que perseguimos nos interesan en la medida en que van a traernos la felicidad, o la van a hacer más probable, o la van a restablecer si se ha perdido.

7. Poesía y sentido

Hay que decir, y que lo sepan bien
los que viven aún bajo techado,
donde telas de araña se entretejen
para cazar, para agostar los sueños,
donde hay rincones

en que línea y línea se cortan
y sacrifican en fatales ángulos
su sed de infinitud,
que nosotros estamos
contentos, sí, contentos
del cielo alto, de sus variaciones,
de sus colores que prometen todo
lo que se necesita
para vivir por ello y no tenerlo

Pedro Salinas

Todos, en algún periodo de nuestra vida, hemos puesto rumbo hacia la isla de la felicidad. Pero nunca llegamos. Su promesa engañosa "me dice ven, y cuando voy se echa a volar". Su irresistible encanto convierte nuestra existencia en búsqueda sin término de un paraíso sin lugar. Es apenas un nombre, una palabra, pero representa la gran asignatura pendiente en el plan de estudios de la vida misma, la gran laguna de todo *curriculum*.

Los humanos no cesan de buscarla por dentro, por fuera, por encima y por debajo de todo lo que hacen. Ocupa y envuelve su vida entera, vestida casi siempre de ausencia. Toda insatisfacción es su llamada. Las cosas que perseguimos –explica **Julián Marías**– nos interesan en la medida en que van a traernos la felicidad, o la van a hacer más probable, o la van a restablecer si se ha perdido. Y su contradictoria condición de "imposible necesario" muestra el peso real e inmenso que tiene en nuestras vidas.

Su incierta intimidad ha teñido siempre la inteligencia y la sensibilidad de los hombres. Somos criaturas humilladas y ofendidas. Y, al mismo tiempo, consoladas por la sugestión incesante de una conquista que está casi a nuestro alcance, siempre casi...

El gran **Horacio** buscó la felicidad por dos caminos muy diferentes, que hicieron fortuna en cuatro palabras: *carpe diem* y *beatus ille*. Propuso coger al vuelo las rosas de la juventud y la belleza, saborear el dulce fruto de la alegre primavera antes que el viento helado marchite la lozanía en flor. Pero la receta no da lo que promete. Hay que intentar otra muy diferente: la vida retirada, el apartamiento de las molestias y servidumbres de la ciudad.

A la propuesta de Horacio se sumarán los mejores. El *beatus ille* aparece en el Marqués de Santillana, en Garcilaso, Fray Luis de León, Lope de Vega, Cervantes... El *carpe diem* se repite literal en Fray Luis y Garcilaso, o es reinterpretado por **Lorenzo el Magnífico:**

> Quien quiera ser feliz, séalo:
> del mañana no hay certeza.

Dos versos que nos impiden pasar de largo, bien acuñados por el gran mecenas florentino. Para una propuesta que nos parece ingenua, todo hay que decirlo. Si el consejo se sigue literalmente, chocará contra la realidad y se hará añicos, pues la realidad está siempre muy por debajo de la felicidad deseada. Pero Lorenzo no era un ingenuo. Era un Medici, un florentino del Renacimiento, extraordinariamente cultivado, apasionado por los placeres intelectuales, estéticos y amorosos. Su invitación sitúa la felicidad en un plano estrictamente sensualista, al modo de **Epicuro**: Quien quiera ser feliz, véndase a lo sensible. Eso es exactamente lo que quiso decir.

Entre los poetas españoles del siglo XX, **Pedro Salinas** me parece insuperable. Con dos imágenes que ya he tomado prestadas, construye un verso que define magistralmente la felicidad: *Paraíso sin lugar, isla sin mapa*. Sabemos que no sabemos dónde buscarla, porque ella va suelta y escapada:

inasequible, incierta, eterna,
jugando con nosotros
a será o no será.
Mas lo que sí sabemos es que todo,
las manos, y las bocas, y las almas,
ávidas y afiladas,
persiguiéndola están, siempre al acecho.

La felicidad juega con nosotros porque impone sus reglas. Llega sin previo aviso y se va cuando quiere. Tiene completa libertad e independencia para entrar y salir de nuestra vida. Y cuando se digna visitarnos, su visita es fugaz y caprichosa, siempre nos pilla por sorpresa, y la experimentamos como un regalo inmerecido:

Y súbita, de pronto
porque *sí, la alegría.*
Sola, porque ella quiso,
vino. Tan vertical,
tan gracia inesperada,
tan *dádiva caída,*
que no puedo creer
que sea para mí.

* * *

Uno de los ingredientes básicos de la felicidad es el sentido de la vida. No hace falta mucha perspicacia para apreciar que la vida humana es problemática, y que ver en ella un sentido es quizá la mejor solución a sus problemas.

Si **Macbeth** nos corta la respiración cuando exclama que la vida es un cuento que no significa nada, contado por idiota que gesticula sobre el escenario de la muerte, el **Rey Lear**, condenado a prisión con su hija Cordelia, nos permite respirar de nuevo. En medio de su tragedia, dirige a la muchacha unas palabras que resumen el sereno sentido estoico de la vida, donde la libertad y la felicidad consisten en aceptar los acontecimientos decretados por la voluntad inapelable de los dioses.

> ¡A la prisión, ven, vamos! Allí cantaremos solos como pájaros enjaulados. Y cuando pidas que te bendiga me arrodillaré e imploraré tu perdón. Así viviremos y cantaremos. Y rezaremos y contaremos viejos cuentos. Y nos reiremos de las mariposas de colores. Oiremos a los infelices referir las novedades de la corte, y comentaremos con ellos quién pierde, quién gana, quién asciende o quién cae. Y poseeremos el misterio de las cosas, como si fuésemos espías de los dioses. Y sobreviviremos entre los muros de nuestra prisión a las sectas y a los poderosos que a merced de la luna surgen y sucumben.

Otro estoico relevante, **Séneca,** nos recuerda que la vida es un drama escrito por un Autor que decide si nuestro papel ha de ser largo o breve, importante o humilde. A nosotros, actores, solo nos corresponde interpretar bien el personaje adjudicado. Esa imagen teatral será plasmada de forma insuperable por **Calderón de la Barca,** en el s. XVII.

Si nuestro dramaturgo no hubiera escrito *El gran teatro del mundo,* el mito de la Caverna nos parecería la mejor alegoría sobre la condición humana. Su idea básica es sencilla: la vida es una inmensa comedia donde cada ser humano representa un papel. Dios crea a los personajes de la Comedia de la vida y les adjudica su papel: ser el Mundo, ser la Muerte, ser Rey, Hermosura, Discreción, Rico, Pobre, Labrador y Niño. De hacerlo mal o bien responderán ante el Autor después de la muerte, y según su actuación recibirán premio o castigo.

En los mil quinientos versos de *El gran teatro del mundo* hay sabiduría, dominio técnico y belleza literaria. Cuando el Mundo, al final de la vida, despoja de sus papeles a los personajes, entabla un diálogo inolvidable con cada uno de ellos. Veamos un breve ejemplo:

Mundo.	– ¿Qué has hecho tú?
Hermosura.	– La gala y la hermosura.
Mundo.	– ¿Qué te entregué?
Hermosura.	– Perfecta una belleza.
Mundo.	– ¿Pues dónde está?
Hermosura.	– Quedó en la sepultura.

Hoy, en el s. XXI, a nadie le cuesta entender que el mundo es un gran tinglado donde cada uno representa un rol. Te levantas por la mañana e inmediatamente te colocas la máscara que te corresponde: madre ejemplar, jefe severo, ejecutiva agresiva, estudiante con exámenes, autónomo agobiado, funcionario aburrido… Y esa farsa, que desde el inicio de los tiempos representa cada uno, es lo que llamamos Civilización. En la Civilización cristiana, el dramatismo del teatro de la vida es muy superior al grecolatino, pues toda la representación depende del final, cuando la muerte llama a cada personaje y le enfrenta al juicio divino, con la consiguiente condenación o salvación eterna.

8. Amistad y amor

La felicidad nos parece un sentimiento de plenitud con cuatro ingredientes esenciales: amistad, amor, sentido de la vida y necesidades básicas cubiertas. Hay en la vida de **Sócrates** hechos y dichos vigorosos, pero él mismo nos dice que la amistad es el centro de su vida. Un siglo más tarde, **Aristóteles** afirmará que la amistad, además de algo hermoso, es lo más necesario en la vida. Todo lector de su *Ética a Nicómaco* se siente sorprendido y cautivado por su precisa y matizada descripción:

Se trata de una relación humana intensa,
entrañable y libre,
recíproca y exigente,
desinteresada y benéfica,
que nace de inclinación natural
y se alimenta del convivir compartiendo.

Aristóteles plasma esta última idea en una inesperada descripción costumbrista:

Amistad es, en efecto, convivir, y desear para el amigo lo mismo que para sí. Y aquello en lo que ponemos el atractivo de la vida es lo que deseamos compartir. Por eso, unos beben juntos, otros disfrutan con el mismo juego, o practican el mismo deporte, o salen de caza, o charlan sobre Filosofía.

* * *

Muy por encima de los demás sentimientos, experimentamos **el amor** como el más radical y esencial de todos, pues hace vibrar nuestras fibras más profundas. Junto a la conservación de la propia vida, lo que más necesitamos es amar y ser amados. Solo sabiéndonos amados conseguimos vivir en plenitud. En el más común de sus sentidos, el amor alude a una relación entre hombre y mujer cuya profundidad se puede resumir en seis palabras rotundas: No entiendo mi vida sin ti.

En su sentido más común, el amor es un tipo especial de relación entre hombre y mujer, cuya primera etapa suele ser el enamoramiento, descrito por **Ortega y Gasset** como una alteración "patológica" de la atención, porque el conocimiento y la voluntad del enamorado se concentran en la persona amada hasta llegar a ver el mundo por sus ojos. En tres versos certeros, **Borges** nos deja leer el pensamiento de un enamorado:

Debo fingir que hay otros. Es mentira.
Solo tú eres. Tú, mi desventura
Y me ventura, inagotable y pura.

Pero el enamoramiento no puede mantenerse mucho tiempo, porque la vida humana implica una pluralidad de actividades que impide el arrebato permanente, y porque la plenitud anunciada es un programa que debe ser realizado en el tiempo. En la realización de ese programa lleva la voz cantante la voluntad, que toma el relevo del sentimiento. Solo así puede ser el amor objeto de regulación jurídica y de prescripciones morales. Cuando se quiere expresar jurídicamente la relación conyugal, se considera que aquello que constituye esa unión es un acto de voluntad expresamente manifiesto (el consentimiento). Ello es así porque el sentimiento –al ser voluble y caprichoso– no da lugar a obligación ni responsabilidad. En el enamoramiento somos sujetos pacientes de un sentimiento, pero en su desarrollo somos sujetos agentes de un proyecto voluntario, capaces de compromiso libre, esfuerzo y sacrificio: los títeres se han hecho responsables.

Al ir más allá del sentimiento, la fórmula del amor tampoco es sentimental: no dice "yo te quiero porque eres así, mientras seas así", pues todo el mundo estará de acuerdo en que si un amor termina en el momento en que desaparecen ciertas cualidades (belleza, juventud, éxitos), quiere decir que no existió nunca. El amor suele nacer al ver en una persona las mencionadas cualidades, pero luego se afianza en el centro de la persona que las posee, y permanece como un acto de voluntad cuando esos irresistibles adornos han desaparecido.

* * *

El generoso significado de la palabra *amor* designa también las relaciones entre una persona y sus padres, sus hijos, sus amigos, sus ideales, su patria, la naturaleza…, así como esa personalísima relación que se puede entablar con Dios.

Todos los poemas de **san Juan de la Cruz** tienen el mismo objeto: la relación del poeta con Dios. Esa singular referencia, plasmada de forma magistral en un puñado de versos, le convierte en el mejor poeta en lengua castellana. Tal posición es de extraordinario mérito, pues el número uno ha debido medirse con Góngora y Quevedo, con Calderón y Lope, con Antonio Machado y Garcilaso, con García Lorca y Pedro Salinas.

Palabras de amor son también las de arrepentimiento, las que piden perdón a la persona amada. Es difícil concebir dos caracteres más opuestos que los de san Juan de la Cruz y **Lope de Vega,** dentro del poderoso denominador común de su catolicidad sin fisuras y su indudable españolidad. Lope, altísimo poeta y dramaturgo incomparable, nació en 1562 en Madrid. En

1614 será ordenado sacerdote y publicará *Rimas sacras:* un centenar de sonetos inspirados por la contrición, el arrepentimiento, la esperanza y la confianza en Dios.

Pastor que con tus silbos amorosos
me despertaste del profundo sueño,
Tú que hiciste cayado de ese leño,
en que tiendes los brazos poderosos,

vuelve los ojos a mi fe piadosos,
pues te confieso por mi amor y dueño,
y la palabra de seguirte empeño,
tus dulces silbos y tus pies hermosos.

Oye, pastor, pues por amores mueres,
no te espante el rigor de mis pecados,
pues tan amigo de rendidos eres.

Espera, pues, y escucha mis cuidados,
pero ¿cómo te digo que me esperes,
si estás para esperar los pies clavados?

Aunque el sacerdocio no puso fin a sus escaramuzas amorosas, Lope luchará por levantarse una y otra vez. Morirá después de recibir la Sagrada Comunión, pidiendo a Cristo perdón con más lágrimas que razones. Algunos críticos dudan de su sinceridad y le acusan de cierta pose. Como no lo sabemos a ciencia cierta, preferimos el beneficio de la duda, dejando que el lector responda a esta pregunta: ¿Hubiera podido Lope escribir estos versos sin un amor a Dios tan grande como su oficio literario?

¿Qué tengo yo, que mi amistad procuras?
¿Qué interés se te sigue, Jesús mío,
que a mi puerta cubierto de rocío
pasas las noches del invierno oscuras?

¡Oh cuánto fueron mis entrañas duras
pues no te abrí! ¡Qué extraño desvarío
si de mi ingratitud el hielo frío
secó las llagas de tus plantas puras!

¡Cuántas veces el ángel me decía:
«Alma, asómate ahora a la ventana,
verás con cuánto amor llamar porfía!».

¡Y cuántas, hermosura soberana,
«Mañana le abriremos», respondía,
para lo mismo responder mañana!

* * *

Frente al amor –observa Gómez Dávila–, unos hombres despegan hacia la metafísica y otros resbalan hacia la fisiología. Esa posibilidad de buscar el amor por caminos contrarios, pone de manifiesto la complejidad de dicho sentimiento.

¿Es el amor *physical desire and nothing else?* **Platón** afirmó que la conmoción amorosa tiene lugar en el encuentro con la belleza sensible, pero negó rotundamente la reducción de esa experiencia a lo físico. De hecho, la persona arrebatada por la belleza queda fuera de sí, quiere echar a volar y no puede, no sabe lo que le pasa. En realidad, los amantes no saben lo que quieren uno del otro, pues quieren algo que sobrepasa el placer del amor. Pero ese algo no saben expresarlo, solo lo presienten.

Platón subraya que el amor auténtico exige una condición previa: proteger el impulso amoroso del falseamiento y la corrupción que aparecen cuando se lo confunde con el mero deseo de placer. Es importante ver la diferencia entre deseo y amor. El que desea sabe exactamente lo que quiere, es un calculador. Pero desear no es amar. "En rigor, no es amado quien es deseado, sino aquel para quien se desea algo", afirma **J. Pieper.**

C. S. Lewis nos desarma con su sinceridad cuando confiesa que, en su juventud, al perseguir la felicidad en la experiencia erótica, perdía siempre el rastro, "y el deseo real se marchaba diciendo: ¿qué tiene que ver esto conmigo?". Durante años buscó la felicidad en el placer, con un resultado inesperado: "al final terminé de construir el templo y descubrí que el dios se había ido".

9. Una pareja en París

> Ningún proyecto les sería imposible. No conocerían el rencor, ni la amargura, ni la envidia. Pues sus medios y sus deseos se armonizarían en todo punto, en todo tiempo. Darían a este equilibrio el nombre de dicha y, con su libertad, su prudencia y su cultura, sabrían preservarla, descubrirla en cada instante de su vida común.

Estas palabras de Georges Perec están tomadas de su novela *Las cosas*. Se trata de un breve relato protagonizado por una joven pareja que sueña con ser feliz en un apartamento espacioso y confortable. La sala de estar tendría una librería de madera de cerezo y un diván de cuero negro. En invierno, corridas las cortinas, con varios puntos de luz y grandes zonas en penumbra, brillarían todas las cosas: la madera barnizada, la seda densa y rica, el cristal tallado, el cuero… Sería un puerto de paz, una isla de felicidad.

A Jérôme y Sylvie les habría gustado ser ricos. Habrían sabido vestir, mirar, sonreír como la gente rica. Les habría gustado andar, vagar, elegir, apreciar. Su vida habría sido un arte de vivir. De hecho, vivían rodeados por las ofertas cálidas y falaces de un París que era una perpetua tentación, y deseaban sucumbir a su llamada cuanto antes y para siempre. Pero el horizonte de sus deseos estaba tenazmente cerrado y sus grandes sueños pertenecían al mundo de la utopía. Porque vivían en un piso diminuto, donde apenas podían moverse y respirar, donde la falta de espacio resultaba agobiante ciertos días. Aunque se anexionaran en sueños los pisos contiguos, siempre acabarían encontrándose con lo suyo, lo único suyo: treinta y cinco metros cuadrados.

Jérôme tenía veinticuatro años. Sylvie veintidós. Les hubiera gustado, como a todo el mundo, tener un ideal, entregarse a algo, sentir una necesidad poderosa que les hubiera empujado y colmado. Por desgracia, solo conocían una: la de vivir mejor, y los agotaba. El enemigo era invisible y estaba dentro. Los había podrido, gangrenado, destrozado. Eran de los que pagan el pato, dóciles productos de un mundo que se mofaba de ellos. De un mundo donde era obligado desear siempre más de lo que se podía obtener. Por eso estaban hundidos hasta el cuello en una tarta de la que solo obtenían migajas.

BIBLIOGRAFÍA

Aristóteles, *Ética a Nicómaco*

En el arranque de este capítulo decíamos que **Aristóteles** estudia la felicidad en páginas insuperables de su *Ética a Nicómaco*, y que todo análisis posterior incorpora las notas esenciales estudiadas por el filósofo griego. Aristóteles pone en la **vida virtuosa** la causa principal del sentimiento de plenitud, sin olvidar que necesitamos **recursos materiales y amigos,** pues sin ellos es muy difícil hacer algo. Como esa posesión no depende totalmente de nosotros, está claro que la felicidad requiere **cierta buena suerte.** En este sentido, si algo es un **don divino,** más debe serlo la felicidad *(eudaimonía),* puesto que es la mejor de las cosas humanas.

Julián Marías, *La felicidad humana*

Magnífico ensayo que ilumina uno de los aspectos más complejos de la personalidad humana. En tres palabras –'un imposible necesario'– sintetiza Marías nuestro irrenunciable anhelo de ser felices y la imposibilidad de colmar plenamente tal deseo. El filósofo se pregunta entonces a qué cota de felicidad podemos aspirar; qué es lo que más nos acerca y nos aparta de la dicha; si hay hacia ella un camino común, o tantos como personas; en qué medida depende la felicidad de factores externos o de la actitud personal; qué papel desempeñan el bienestar, el placer, el amor y el sufrimiento; qué importancia tienen los bienes materiales y los espirituales, entre los que destacan la fe y la esperanza en Dios; si se puede ser feliz cuando sufrimos el dolor, la soledad, la injusticia o el temor a la muerte. Con sabiduría y amenidad, Julián Marías integra su actualísima reflexión en la tradición aristotélica.

III
LA FAMILIA EN PELIGRO

Los Simpson: la Película. Año: 2007. Director: David Silverman.
Lisa, Maggie, Marge, Homer y Bart Simpson.
© kpa Publicity / United Archives / ContactoPhoto

La familia es el primer y mejor
Ministerio de Educación,
el primer y mejor Ministerio de Sanidad,
el primer y mejor Ministerio de Bienestar Social.

William Bennett

La humanidad descubrió muy pronto que la familia es el mejor ámbito para cultivar e integrar los cuatro ingredientes de la felicidad: la amistad y el amor, el sentido de la vida y las necesidades materiales.

10. Elogio de la familia

El escenario y la sustancia de la vida humana son, en gran medida, las relaciones humanas. Sin los demás, la persona se frustraría, porque su necesidad de dar y recibir, de dialogar y compartir, no podría ejercerse. De hecho, nadie ha nacido solo, y nadie ha nacido para estar solo. El primer desarrollo biológico, nervioso y psicológico de cualquier niño necesita de los demás: que otros le alimenten, le cuiden y le enseñen durante largos años, antes de que llegue a valerse por sí mismo.

Podemos asegurar que **no hay yo sin tú.** Y el tú es siempre una persona, un semblante que nos escucha y nos habla, lo primero que contempla el recién nacido al reconocer a su madre antes que a sí mismo. Solo tras esta primera socialización en el hogar, vendrá la integración efectiva en la sociedad, y con ella la madurez humana.

Dos tipos de sociedades superan a todas las demás en el orden natural: **la sociedad civil y la familia.** Antes que ciudadano, el hombre es miembro de una familia. Por eso la familia es, sin duda, la tradición y la institución más antigua que conocemos. Si la humanidad no se hubiera organizado en familias, tampoco habría podido organizarse en naciones.

El servicio esencial que la familia presta a la sociedad es la procreación de niños, seguida de su crianza y educación. Por el mayor protagonismo materno en esas tareas, la unión natural que las hace posible recibe el nombre de matrimonio (oficio de la madre). Los mejores estudios comparativos confirman que el padre y la madre, unidos en matrimonio, garantizan por regla general el entorno más seguro, el nivel más alto de bienestar y las mejores oportunidades educativas y profesionales.

Lo característico de las instituciones fundamentales es su **objetividad:** no nacen del capricho, sino de las necesidades de la sociedad. En el caso del matrimonio, rasgos como la dualidad sexual, la exclusividad, el compromiso de permanencia, la ayuda mutua, la unificación de patrimonios y la autoridad sobre los hijos, no son convenciones culturales o tradiciones pasajeras, sino requisitos tan naturales como eficaces.

En sentido amplio, *familia* se aplica al conjunto de individuos vinculados por algún parentesco o afinidad. En sentido estricto, **familia es la comunidad de padres e hijos,** integrada por las personas cuya vida en común se basa en la paternidad biológica y en la protección de los hijos. Como es evidente, el desarrollo de una familia requiere un espacio común, una casa que ha de ofrecer un ámbito pacífico que permita la integración de los aspectos físicos, psicológicos y espirituales de quienes la habitan.

La casa de una familia no es una oficina, es **un hogar.** En él aprendemos la lengua materna, extraordinaria herramienta necesaria para toda la vida. En el hogar somos por primera vez reconocidos como personas y amados incondicionalmente. En el hogar nos alimentamos de la cultura y recibimos las primeras indicaciones morales. Con pocas excepciones, los hogares abren sus ventanas a la trascendencia. El hogar es, en fin, "una especie de cúpula permeable" bajo la que todos podemos "crecer hacia el bien, la verdad y la belleza" (A. Marcos).

Un niño, una anciana, un hombre enfermo, no se valen por sí mismos y necesitan un hogar donde poder vivir, amar y ser amados, alimentados, cuidados. El hombre es un ser familiar precisamente porque nace, crece y muere necesitado. Además, **todo hombre es siempre hijo,** y esa condición es tan radical como el hecho de ser varón o mujer. Ningún niño nace de una encina, decía Homero, y tampoco en soledad, sino en los brazos de sus padres: nace para ser hijo. Así, la filiación, la dependencia de origen, es una característica fundamental de la persona.

La familia es una **escuela de vida personal y social,** en la que el modo de existir en cada edad va aprendiendo los modos de existir de las demás edades. Respecto a los padres, el hecho de ser hombre y ser mujer los hace naturalmente complementarios: son distintos entre sí, pero mutuamente necesitados desde las profundidades del cuerpo hasta las cimas del alma. Y en su unión familiar, ambos han de aceptar la obligación de un contrato protector, entre otras cosas porque los hijos necesitan su tiempo, su dinero, su ejemplo, sus conocimientos y sus energías. Dicho de otra forma: en la familia, el hombre nace, crece, se educa, se casa, educa a sus hijos y al final muere. En la familia se aprende y se enseña a vivir y a morir, y esa enseñanza, realizada por amor, es un trabajo social absolutamente necesario, imposible de realizar por dinero.

Un hospital, una universidad o una fábrica generan costes, pero se justifican por los bienes o servicios que ofrecen. Lo mismo sucede con la familia, pues forma ciudadanos que en el futuro pagarán impuestos y crearán riqueza. No es correcto, por eso, denominar "ayudas sociales" al dinero que el Estado destina a la maternidad y la familia, como si fueran cantidades a fondo perdido. La verdad es otra, porque la familia es el agente económico más rentable y productivo de la sociedad. Se calcula que los países europeos recuperan, multiplicado por cinco, cada euro destinado a un recién nacido.

11. La estabilidad familiar

En el debate actual sobre la familia, el principal factor de confusión es el oscurecimiento de su carácter natural, que llega al absurdo de elegir sus rasgos estructurales, como si fueran redefinibles. La familia no es una organización perfecta, tiene los defectos de sus miembros, pero **es una ilusión pensar que existen alternativas mejores**. Durante décadas, el divorcio se ha recomendado en países anglosajones como panacea para matrimonios mal avenidos. Así se ha puesto de manifiesto que el remedio es peor que la enfermedad. Hoy, los psicólogos más prestigiosos recomiendan sustituir el lema "si su matrimonio se ha roto, busque nueva pareja" por otro más sano: "si su matrimonio se ha roto, arréglelo".

William Bennett, desde su amplia experiencia como Secretario de Educación en Estados Unidos, después de reconocer que "demasiados chicos norteamericanos son víctimas del fracaso parcial de nuestra cultura, de nuestros valores y de nuestras normas morales", llega a la siguiente conclusión: "Debemos hablar y actuar en favor de la familia: después de todo, la familia es **el primer y mejor** Ministerio de Sanidad, el primer y mejor Ministerio de Educación, y el primer y mejor Ministerio de Bienestar Social".

Espectadores de una crisis familiar sin precedentes, que afecta sobre todo a las democracias occidentales, Bennett y otros muchos analistas sociales llegan de nuevo a la vieja conclusión de que la familia es la más amable de las creaciones humanas, la más delicada mezcla de necesidad y libertad. Al ser su finalidad la transmisión de la vida y la formación de personas civilizadas, ya está dicho todo sobre su importancia absoluta.

A la responsabilidad genética de los progenitores corresponde, también por derecho natural, la **responsabilidad sobre la crianza y educación.** Ambas tareas se deterioran con una relación inestable y transitoria. Así, la familia aparece como **naturalmente estable y monógama**, de acuerdo con los sentimientos naturales de sus miembros más débiles: los niños a duras penas soportan la separación de sus padres. La humanidad descubrió muy pronto que el amor, la unión sexual, el nacimiento de un hijo, su crianza y educación, son posibles si existe una institución que sancione la unión permanente de un varón y una mujer.

La fuerza del impulso sexual es tan grande, y la crianza de los hijos tan larga, que, si no se instituye una unión de los esposos con estabilidad y exclusividad, esas funciones se malogran, y la misma sociedad se ve seriamente afectada. **Alfredo Marcos,** en su *Meditación de la naturaleza humana,* ve en la estabilidad familiar "una condición necesaria para la realización plena de las personas", y afirma que "se puede y se debe hacer mucho en su favor, mucho más de lo que actualmente se hace". Poco antes había escrito:

> No hace falta ser muy perspicaz para darse cuenta del inmenso daño que se hace a las personas, y muy especialmente a los más dependientes (niños, enfermos, discapacitados y ancianos), cuando se les somete a ambientes familiares inestables, donde poco puede darse por seguro. Lo llamativo es que las sociedades occidentales contemporáneas parecen haberse vuelto ciegas ante este tipo de daño.

Sería equivocado ver la familia como célula de la sociedad tan solo en sentido biológico, pues también lo es en el aspecto social, político, cultural, económico y moral. Virtudes cívicas tan importantes como la justicia y el respeto a los demás se aprenden principalmente en su seno, y también el ejercicio razonable de la autoridad y su acatamiento. Por lo tanto, la familia también es **insustituible desde el punto de vista de la pedagogía social.** Su propia estabilidad, por encima de los pequeños o grandes conflictos inevitables, es ya una escuela de esfuerzo y ayuda mutua, donde se forman los hijos en unos hábitos cuyo campo de aplicación puede fácilmente ampliarse a la **convivencia ciudadana.** De hecho, la convivencia familiar es una enseñanza incomparablemente superior a la de cualquier razonamiento abstracto sobre la tolerancia o la responsabilidad personal.

12. Familia y feminismo

Las grandes palabras suelen tener una proyección tan generosa que a menudo significan una cosa y su contraria. Lo comprobamos a diario, sobre todo cuando los políticos nos hablan de cambio y progreso, de libertad y democracia, de ética y valores, de justicia y diálogo. También lo comprobamos con el feminismo.

– ¿Qué significa ser mujer?

– ¿Debería significar lo mismo para todas las mujeres?

– ¿Es correcta la respuesta que ofrece el feminismo?

– ¿Hay una sola respuesta y un solo feminismo?

Para apreciar la complejidad de estas preguntas basta con intentar responderlas. O con leer lo que escribe Julián Marías en su ensayo *La mujer en el siglo XX*.

Por los tiempos de la Revolución Francesa, la pretensión del **primer feminismo** había sido lograr la equiparación de derechos civiles entre el varón y la mujer. Principalmente, el derecho al voto, conquistado noblemente por las sufragistas. Pero a los derechos siguió la revisión de las funciones, y el feminismo comenzó a exigir la eliminación del tradicional reparto de papeles, juzgado como arbitrario e injusto. Así, el segundo feminismo rechazó la maternidad, el matrimonio y la familia, como si fueran formas de esclavitud del varón sobre la mujer.

Ese feminismo radicalizado, último cartucho del marxismo cultural, sostiene que el matrimonio ha sido pura convención social, regulada por el Derecho, para dar un barniz de honorabilidad a las relaciones sexuales estables entre adultos de distinto sexo. Pero la verdad histórica nos dice algo muy diferente: que en todo tiempo y lugar se ha protegido esa unión por estar directamente asociada con la **transmisión natural de la vida** y la **supervivencia de la especie.** Por eso, si hoy Occidente legaliza como matrimonio cualquier tipo de unión, se separa de su propia historia y de todas las grandes culturas, que han reconocido siempre el significado natural de la sexualidad: que el varón y la mujer han sido creados para ser, unidos en matrimonio, la garantía del futuro de la humanidad. Garantía no solo física, sino también moral.

Se argumenta con supuestos derechos y apelaciones sentimentales, pero la misma biología elemental nos dice que la introducción artificial –por reproducción asistida o adopción– de un niño en la casa de dos personas del mismo sexo, ni convierte a dichas personas en matrimonio ni a los tres en familia. Porque dos hombres pueden ser dos buenos padres, pero nunca serán una madre, ni buena ni mala; y dos mujeres pueden ser dos buenas madres, pero nunca serán un padre, ni bueno ni malo. La psicóloga **Alejandra Vallejo-Nágera** resume su postura en estas palabras: "Me gusta, siempre me ha gustado, tener un padre y una madre. Cualquier otra combinación de progenitores me parece incompleta e imperfecta". En 2010, el Presidente de la Asociación Mundial de Psiquiatría, **López Ibor,** decía:

Un niño *paternizado* por una pareja homosexual entrará necesariamente en conflicto con otros niños, se conformará psicológicamente como un niño en lucha constante con su entorno y con los demás, incubará frustración y agresividad.

En el origen de esta ideologización encontramos *El segundo sexo,* un revolucionario ensayo de **Simone de Beauvoir,** publicado en 1949. La autora introduce la confrontación marxista en las relaciones de pareja, previene contra "la trampa de la maternidad" y recomienda el aborto, el divorcio y toda la gama de relaciones sexuales.

Esas ideas triunfaron en el **París del 68** y se extendieron por los campus europeos y norteamericanos, con el poderoso catalizador de la píldora anticonceptiva. Su legalización rompió la relación natural de la sexualidad con la fecundación, hizo equivalentes todas las formas de sexualidad y desató la tentación colectiva más fuerte que la humanidad ha conocido: la posibilidad de sexo libre, sin restricción alguna.

La disociación entre sexualidad y procreación produjo quizá la transformación social más importante de Occidente en el siglo XX. Se trataba de una revolución inédita en la Historia, que no solo equiparaba homosexualidad y heterosexualidad. **Gandhi,** uno de los grandes referentes morales del siglo XX, intuyó sus consecuencias:

> Es probable que el amplio uso de esos métodos lleve a la disolución del vínculo matrimonial y al amor libre. Es ingenuo creer que el uso de anticonceptivos se limitará meramente a regular la descendencia. Solo hay esperanza de una vida decente mientras el acto sexual esté claramente abierto a la transmisión de la vida.

Más explícito que Gandhi, el papa **Pablo VI,** en 1968, publicó la encíclica *Humanae Vitae.* En sus páginas juzgaba la contracepción artificial como gravemente inmoral, y pronosticaba consecuencias muy negativas:

- Multiplicación de divorcios y abortos.
- Camino fácil y amplio a la infidelidad conyugal.
- Los jóvenes serán especialmente vulnerables a la inmoralidad sexual.
- El varón perderá el respeto a la mujer, hasta verla como un simple instrumento de placer egoísta.
- La anticoncepción podría ser peligrosa en manos de autoridades públicas.

Desde entonces, el ataque a la moral sexual que propone la Iglesia católica ha sido constante. Por eso resulta instructivo saber a quién han dado la razón los hechos posteriores. A favor de los anticonceptivos se argumentó que acabarían con el aborto. Parecía una consecuencia lógica, pero los datos demuestran que sucedió lo contrario: los abortos y los nacimientos extramatrimoniales se dispararon al mismo tiempo. ¿Por qué falló esa lógica?

En primer lugar, los anticonceptivos disminuyen la sensación de riesgo. Eso favorece encuentros sexuales que no se producirían en otro caso, y ocasiona embarazos cuando la mujer ni está ni se siente preparada. En segundo lugar –como ha explicado Mary Eberstadt–, si el embarazo se convierte en una opción para la madre, el matrimonio se va a convertir en una opción para el padre. La píldora traslada injustamente la responsabilidad del embarazo a la mujer, y cuando queda involuntariamente embarazada facilita que el varón se desentienda irresponsablemente. La anticoncepción redujo drásticamente los incentivos que tenía el hombre para casarse (también para casarse con su novia embarazada).

En tercer lugar, si la anticoncepción "liberó" de responsabilidad al varón, también "liberó" al legislador y al juez, pues del supuesto derecho a la anticoncepción se dedujo que existía un derecho al aborto. Se afirmó y se afirma que la anti-concepción hace a las mujeres más libres y más felices. Quizá por eso, fundaciones filantrópicas dedican importantes donaciones a difundir el control de la natalidad entre los africanos, aun-que muchas mujeres africanas no lo ven así. La nigeriana Obianuju Ekeocha, en carta abierta a Melinda Gates, le decía:

> Veo que estos 4.600 millones de dólares van a traernos desgracias: maridos infieles, calles sin el alboroto inocente de los niños, y una vejez sin el tierno y cariñoso cuidado de nues-tros hijos.

13. Ideología y leyes de género

En el siglo XXI, el feminismo adopta una tercera modalidad más radical: la **ideología de género.** Su objetivo es la implantación de nue-vos modelos de familia, educación y relaciones, donde lo masculino y lo femenino esté abierto a **todas las opciones posibles;** donde la subjetivi-dad psicológica ("me siento hombre", "me sien-to mujer") prevalezca sobre la objetividad bio-lógica. **Shulamith Firestone,** feminista radical y marxista, escribía en 1970:

> El objetivo final de la revolución feminis-ta no solo es eliminar el *privilegio* del varón,

sino la distinción sexual (…). Solo entonces terminará la tiranía de la familia biológica y se permitirán todas las formas de sexualidad.

Medio siglo más tarde, **Martin Duberman**, historiador y activista radical LGTB, nos recuerda que los objetivos originales de la ideología de género son **destruir la familia,** eliminar los juicios morales y crear una "nueva utopía en el ámbito de la transformación psicosexual, una revolución donde 'hombre' y 'mujer' se conviertan en diferencias obsoletas".

Una propuesta tan antinatural solo puede triunfar si la imponen las leyes, y esa es precisamente la misión de las **leyes de género,** promovidas por una izquierda marxista que sustituye al proletario por la mujer, a la que declara en peligro constante, amenazada siempre por el varón.

La mejor estrategia de la ideología de género es la educación. Por eso entró de puntillas en los colegios públicos, sin hacer ruido, disfrazada de inclusividad y de iniciativas amables contra un acoso escolar casi inexistente. La máscara cayó al poco tiempo, cuando se denunció el lenguaje y el pensamiento "hétero-normativo", alegando que todos los alumnos (incluidos los niños de preescolar) necesitan expresar su "auténtico" género.

La escuela que adopta las políticas de inclusión y reorientación sexual –a menudo prescindiendo de las protestas de los padres–, suele hacerlo por la amenaza de demandas judiciales, o por imposición normativa. Una vez adoptada, la agenda de género afecta **a todos sus niños,** no solo a los "confundidos". Una escuela inclusiva exige que *todos* los niños aprendan **una falsa antropología** y unas ideas equivocadas sobre la identidad. Exige la formación de todo el personal escolar en la nueva neolengua, desde los conductores de autobuses hasta el equipo directivo. Más aún: los activistas justifican que se oculte todo esto a los padres, alegando que los niños no están seguros en casa cuando los padres (sobre todo los que son religiosos) se oponen a la ideología.

Ese adoctrinamiento no permite la discrepancia, y mucho menos la enmienda a la totalidad. No se puede decir, como en el cuento de Andersen, que **el rey va desnudo.** Por eso abundan los centros escolares inundados de arcoiris, celebraciones del orgullo gay, espacios seguros, clubes de estudiantes homosexuales y heterosexuales, libros con historias transgénero… Pero lo cierto es que el rey está completamente desnudo, y que los ideólogos de género han inventado un problema donde no lo había. O, si se prefiere, han magnificado el problema de la inclusión de las minorías sexuales como si fuera el gran problema de la Humanidad, convirtiendo un grano de arena en un Himalaya.

Le meta final de la ideología de género es la utopía de Firestone y Duberman: pansexualidad, identidad fluida, tolerancia sexual sin restricciones y desaparición de los vínculos biológicos y de parentesco. No es difícil entender que ese tipo de libertad sexual provoca **serios conflictos** legales, morales y psicológicos. Pasar por alto el peso de la biología y afirmar que la sexualidad masculina y femenina es opcional, no determinada por la condición biológica del varón y la mujer, es chocar frontalmente contra la realidad y la naturaleza del ser humano. **Shakespeare,** por boca del médico de Macbeth, lo expresa de forma insuperable: "Los actos contra la naturaleza engendran disturbios contra la naturaleza".

Sin embargo, es propio de toda ideología negar la evidencia, y la de género no duda en rechazar el carácter patológico o anómalo de cuadros clínicos considerados como tales por los especialistas. Así, la *disforia de género* (creer o desear pertenecer al sexo opuesto) ha sido tratada durante mucho tiempo con terapia psicológica –igual que la anorexia– hasta que la ideología tomó al asalto los medios de comunicación, los programas educativos, las leyes y los protocolos terapéuticos. De ahí la enorme importancia de mostrar las consecuencias reales: niños convertidos en personas estériles debido a cócteles hormonales; jóvenes con cuerpos mutilados; ciudadanos libres que ya no son libres de decir lo que piensan...

A políticos y legisladores también conviene recordarles que los ciudadanos, además de orientación sexual, tienen orientaciones políticas, musicales, deportivas, religiosas, gastronómicas... El Estado está obligado a respetarlas, sin imponer como verdadera ninguna en particular, sin privilegiar una en los planes de educación. Si lo hace, si dicta a los ciudadanos lo que deben hacer o pensar, traspasa su función de arbitraje e incurre en un inadmisible abuso de poder.

Por otra parte, respetar a un budista, a un musulmán o a un cristiano no significa creer que sus doctrinas son verdaderas, y ese respeto es compatible con no sentir aprecio por ellas. Cualquiera sabe que respetar no significa aplaudir. Por eso, cuando el colectivo LGTB exige ferviente adhesión a su postura, atenta contra una libertad básica –la libertad de pensamiento– y pide un trato de privilegio incompatible con la democracia.

En democracia no solo existe el derecho a discrepar, sino que el ejercicio de la discrepancia protege la libertad de todos. En las sociedades libres nadie está obligado a considerar correcta cada una de las opciones vitales de los demás, y todo el mundo puede pensar que hay formas de conducta positivas y negativas, morales e inmorales, inofensivas y peligrosas. Por lo mismo, cualquiera está en su derecho de procurar, por las vías legales, que las formas de vida que considera inmorales no se expliquen en la escuela a sus hijos, y que tampoco se "visibilicen" en la calle por imperativo legal y con dinero del contribuyente. Lejos de formar parte de los derechos humanos, la imposición pública de una opción sexual va contra ellos.

Por si fuera poco, las leyes que privilegian al colectivo LGTB suelen dedicar un último capítulo a las sanciones por homofobia, lesbofobia, bifobia y transfobia. ¿Qué interés mueve al legislador que confunde discrepar con odiar? Esa injustificada equiparación inventa una realidad que no existe, imagina homófobos a la vuelta de cada esquina, y eso sí parece irresponsable incitación al odio y manipulación.

Nadie duda que la discriminación sexual debe estar perseguida y penalizada por la ley. Pero los colectivos LGTB piden leyes específicas contra esa discriminación concreta. Ante esa pretensión, es oportuno preguntarse si debe haber leyes particulares para cada tipo de discriminación, cuando ya existe una ley general que abarca todos los supuestos. Si se responde afirmativamente, además de promulgar leyes innecesarias, el legislador se enfrenta a la imposibilidad de contemplar todas las posibles formas de discriminación, y entonces la propia legislación se convierte en discriminatoria.

No se puede quitar importancia a la violencia de género. Pero en algunos países, las leyes para combatirla se han convertido en discriminatorias e inconstitucionales cuando –negando la presunción de inocencia y la igualdad– castigan más al delincuente si es varón.

14. Educado para ser mujer

Hace algún tiempo, la prensa internacional recogió el fracaso de un vergonzoso experimento médico. El psiquiatra norteamericano **John Money** había pretendido demostrar –por los años setenta– que la sexualidad depende más de la educación que de los genes. Sus conejillos de indias fueron dos bebés gemelos: Bruce y Brian Reiner. En 1965, un desgraciado accidente de Bruce proporcionó a Money la oportunidad de transformar el cuerpo del bebé –por cirugía plástica y con el consentimiento de los padres– en un cuerpo con apariencia femenina. Money dijo a los padres que debían criar al bebé como si fuera una niña, y mantener el episodio en absoluto secreto. Así, Bruce pasó a llamarse Brenda.

Las condiciones del experimento eran perfectas, pues se había realizado sobre un recién nacido que poseía la misma dotación genética que su hermano gemelo. El médico –que se hacía llamar misionero del sexo y era defensor infatigable de los matrimonios abiertos y el sexo bisexual en grupo– confiaba ciegamente en que el gemelo operado podría ser educado como una chica. En el eterno debate sobre naturaleza y educación, pretendía demostrar que la educación lo es todo. Simone de Beauvoir y Sartre ya habían hecho triunfar la idea de que el ser humano solo tiene libertad, no naturaleza.

Los Reiner siguieron las instrucciones de Money al pie de la letra, pero las cosas no marcharon según lo previsto. Janet, la madre, cuenta lo que sucedió cuando intentó poner a Brenda su primer vestido, poco antes de cumplir dos años. "Intentó arrancárselo, romperlo. Recuerdo que pensé: ¡Dios mío, sabe que es un chico y no quiere que le vista como una chica!". Brenda también era rechazada en la escuela, donde pronto manifestó extrañas "tendencias lesbianas", a pesar de las hormonas que le obligaban a tomar.

Mientras toda la familia veía y sufría el fracaso de la operación, el doctor Money declaraba a los cuatro vientos que su experimento era un éxito rotundo. En un artículo publicado en *Archives of Sexual Behaviour* escribió: "El comportamiento de la niña es claramente el de una chica activa, bien diferente de las formas masculinas de su hermano gemelo". Al mismo tiempo, la revista *Time* afirmaba que "este caso constituye un apoyo férreo a la mayor de las batallas por la liberación de la mujer: el concepto de que las pautas convencionales sobre la conducta masculina y femenina pueden alterarse".

Entre tanto, los gemelos eran obligados a seguir una terapia con Money, quien les obligaba a ver imágenes sexuales y desvestirse, en sesiones que degeneraron y traumatizaron profundamente a los dos niños. Cuando Brenda tenía quince años, destrozada por interminables sesiones psiquiátricas y medicación con estrógenos, intentó suicidarse. Su padre le contó entonces la verdad, y ella decidió volver a ser un chico y llamarse David. La cirugía plástica hizo lo que pudo. En 2002, su hermano gemelo, que sufría esquizofrenia, se suicidó. David nunca pudo superarlo y se quitó la vida en 2004. "Daría cualquier cosa por que un hipnotizador lograra borrar todos los recuerdos de mi pasado. Es una tortura que no soporto. Lo que me hicieron en el cuerpo no es tan grave como lo que aquello provocó en mi mente", había dicho.

15. La familia y los Simpson

En estrecha relación con la ideología de género y el feminismo radical, uno de los mitos modernos más arraigados nos presenta las **rupturas familiares como una conquista de la libertad,** como una rápida solución a los inevitables problemas de pareja, y como el ansiado camino hacia esa felicidad que no acaba de llegar. En la aceptación ingenua y generalizada de ese mito ha jugado un papel primordial **Hollywood.** La mayor industria de entretenimiento del planeta lo ha hecho francamente bien: es muy difícil encontrar famosa o famoso que no se haya divorciado y vuelto a casar

–a ser posible varias veces– en sus famosas películas y en su aireada vida real.

Pero el virus divorcista no ha contagiado a todo el mundo. A semejanza de aquel reducto antirromano en una aldea gala, en la modesta villa de Springfield vive una familia desmitificadora y antisistema, tal vez por eso inmune al divorcio. Una familia compuesta por un bebé, una niña repelente y encantadora, un chiquillo especialista en crear problemas, un padre vago y borrachín, y una madre coronada por una torre de Pisa de color azul, en versión melena.

Hemos oído que la familia Simpson, además de peculiar, es corrosiva y poco recomendable. Los psicólogos la llaman disfuncional. Una calamidad, dirían nuestras abuelas. Todo eso es verdad, pero hay otra verdad que nadie ha reconocido: su lucha en solitario contra el mayor imperio del cine. Porque Hollywood les hubiera pasado el rodillo divorcista al tercer episodio de la serie, y lejos de Hollywood, libres de sus mitos, llevan más de 400 capítulos demostrando que la familia es la mejor inversión a largo plazo, la auténtica tabla de salvación en un mundo tramposo y a la deriva.

Nadie negará que Marge tiene motivos para romper con su perezoso y alcohólico marido, todo un campeón del eructo y la flatulencia. Sin embargo, esa ama de casa tan correcta y amable, tiene razones muy diferentes y mucho más poderosas: el respeto al compromiso con Homer y sus tres hijos, su sentido común, su sentido religioso y su cariño sincero.

BIBLIOGRAFÍA

Carlos Goñi y **Pilar Guembe**, *No se lo digas a mis padres*

Los autores, profesores con mucha experiencia, reproducen 31 conversaciones con adolescentes, ofreciendo pautas para prevenir y corregir los problemas que se plantean: drogas de diseño (pastillas), peligros de Internet, anorexia, consumismo compulsivo, agresividad, apatía patológica, tribus urbanas y sectas, trastornos psicológicos, la tiranía de la moda, la cocaína, el divorcio de los padres, el alcohol, las relaciones sexuales, el embarazo, la identidad sexual, el suicidio, el culto al cuerpo, el rechazo a la autoridad, la adicción al móvil, los juegos de riesgo, la cultura del ocio, la movida...

G. K. Chesterton, *Historia de la familia*

La sociedad y las personas se construyen gracias a la familia. De ahí la enorme importancia de la única institución que crea y ama a sus propios miembros. Con inteligencia y agudo ingenio, Chesterton dedicó a la familia páginas incomparables, y la enfrentó con las modas del divorcio, la anticoncepción y el aborto. Muy crítico con algunas ideologías del siglo XX, Chesterton explica que el primer feminismo conquistó para la mujer el sufragio y la igualdad, mientras el segundo la traicionó al rechazar la maternidad, el matrimonio y la familia.

Gabriele Kuby, *La Revolución Sexual Global*

Estudio muy completo y documentado. La autora, socióloga que abandonó el marxismo, muestra con crudeza y objetividad las posturas de agrupaciones, religiones, organismos mundiales y gobiernos cuyas leyes y opiniones en materia de educación y sexualidad están llevando a cabo "la destrucción de la libertad en nombre de la libertad".

IV
LA VERDAD MANIPULADA

Nos repiten que *nada es verdad ni mentira: / todo es según el color / del cristal con que se mira*. Ese inquietante diagnóstico no es nuevo, ya se lo explicaba don Quijote a Sancho:

> Andan entre nosotros siempre una caterva de encantadores que todas nuestras cosas mudan y truecan, y las vuelven según su gusto y según tienen la gana de favorecernos o destruirnos; y, así, eso que a ti te parece bacía de barbero me parece a mí el yelmo de Mambrino y a otro le parecerá otra cosa.

Sonreímos pensando que eso es literatura, pero lo cierto es que estamos sometidos al capricho de los encantadores que configuran el mundo y la opinión pública. Con consecuencias muy preocupantes. El precio que pagamos por vivir sin referentes sólidos es demasiado alto: el desequilibrio personal y social. ¿Qué hacer en esta tesitura? De entrada, desenmascarar a los encantadores.

16. Relativismo y consenso

Quedé desfallecido de escudriñar la verdad.

Sócrates

Conocer es una empresa ardua, pues la realidad nos resulta, con frecuencia, inabarcable, insondable, borrosa. **Newton** reconoce que ha sido "como un niño jugando a la orilla del mar, mientras el gran océano de la verdad permanecía ante mí sin descubrir".

Por experiencia sabemos que el conocimiento de la realidad es difícil, parcial, escurridizo, subjetivo y manipulable. Un repaso a la Historia pone de manifiesto que los seres humanos hemos aceptado como verdades lo que no eran sino **errores crasos**, y a veces **disparates:** basta con pensar en la esclavitud, los sacrificios humanos, la inferioridad de la mujer, el éter, la generación espontánea, la Tierra plana, el geocentrismo...

Quienes piensan que la precariedad de nuestro conocimiento es insuperable, se acogen al **escepticismo,** una postura que niega la capacidad humana de conocer la verdad. El escéptico observa que la verdad para unos no es verdad para otros, y concluye que nada se puede afirmar con certeza, que todo es mera opinión, y que más vale abstenerse de emitir juicios.

Si se puede ser escéptico en la teoría, en la práctica no es posible, pues todo escéptico admite de hecho un sinfín de verdades: su familia, su casa, su trabajo, sus amigos, su número de teléfono, su cuenta corriente, su ciudad... Los biógrafos de **David Hume,** uno de los padres del escepticismo moderno, cuentan que el filósofo olvidaba sus dudas desde el momento en que salía de su despacho. Quizá estuviera de acuerdo con la curiosa y breve lista de evidencias que aporta **Christian Bobin:**

Cosas innegablemente reales: el hambre. El frío. La poesía, toda la poesía. Mozart. El dolor de muelas. La dicha. La luz de las estaciones del año. Las voces que no oiremos más. El deseo de justicia. La falta de amor. La dicha, una vez más, sobre todo.

La experiencia también nos enseña que no es posible vivir sin apoyarse en verdades. Todo escéptico tiene a su lado alguien que domina las verdades reales: un mecánico, un informático, un ingeniero, un electricista, un fontanero... Por tanto, junto a cierta dosis de escepticismo, conviene apostar por un realismo crítico. Un realismo consciente de la parcialidad del propio punto de vista, como el *perspectivismo* de **Ortega y Gasset.** Desde distintas posiciones, dos personas miran a un tercero. Como es lógico, no ven exactamente lo mismo, pero no tendría sentido negar que están viendo a la misma persona.

* * *

Cuando los propios gustos e intereses pesan más que la realidad, cedemos a la tentación del **subjetivismo**, que consiste en distorsionar la realidad a nuestro gusto. Algo no precisamente inofensivo, pues puede acarrear graves consecuencias: al antiguo esclavista y al moderno nacionalista les conviene pensar que los seres humanos no somos esencialmente iguales; el terrorista está convencido de que su causa es justa; la mujer que aborta quiere creer que solo interrumpe su embarazo, o que tiene derecho sobre la vida de su hijo; el suicida se quita la vida bajo el peso de problemas no exactamente reales, agigantados por su enfermiza subjetividad...

Aunque *relativo* es lo que está en *relación,* con frecuencia se usa como sinónimo de *subjetivo.* Así, cuando escuchamos *eso es muy relativo,* se está diciendo que *eso es muy subjetivo. Relativismo,* por tanto, es sinónimo de *subjetivismo.* Hemos dicho que la verdad es relativa a la realidad, a lo que son las cosas. Pero la realidad no depende de lo que nosotros pensemos sobre ella. Por eso, el relativismo es un error del conocimiento. Ampliamente extendido, como podemos apreciar en el siguiente ejemplo.

Todas las culturas son diferentes, pero una exigencia fundamental del actual pensamiento relativista afirma que todas valen lo mismo: la danza massai y el ballet ruso, el tambor ancestral y el violín de Vivaldi, los dibujos primitivos y los de Durero. El relativismo cultural suele arraigar en democracias donde conviven fuertes minorías étnicas, y propone juzgar las culturas diferentes desde sus propios valores. Si dicho criterio supone un avance frente al etnocentrismo, muestra también grandes limitaciones: es claro que diferentes manifestaciones culturales no enriquecen por igual, y que en algunos casos ni siquiera merecen llamarse culturales, pues proponen antivalores con efecto contracultural.

El relativismo cultural, al eliminar la crítica justa, hace prisioneros de su propia cultura a los grupos humanos y a las personas. Así resulta contradictorio emitir un juicio moral sobre la esclavitud y el racismo, sobre la discriminación sexual, la marginación de minorías, el fundamentalismo o las dictaduras políticas.

* * *

Es oportuno recordar que el conocimiento humano se mueve más en el terreno de la opinión que en el de la verdad. Y es bueno saber que lo opinable admite diversas soluciones correctas: no hay una sola táctica para ganar una carrera ciclista o un partido de fútbol; hay muchas formas de preparar un menú sabroso, de aprender un idioma, de practicar deporte, de ayudar a los demás, de plantear unas vacaciones, de vestir con estilo…

Las divergencias en cuestiones opinables se deben resolver pacíficamente por medio del diálogo y el consenso. El éxito de tal procedimiento depende de dos condiciones: no ignorar información relevante y jugar limpio. El diálogo es siempre mejor que el monólogo, pues está claro que "cuatro ojos ven más que dos"; que "hablando se entiende la gente"; y que la mejor forma de establecer lo justo y deseable es exponer las razones propias, escuchar las ajenas y dialogar con serenidad.

El consenso no es una solución infalible porque la fuente de la verdad y la justicia no es el común acuerdo. El consenso puede descubrir la verdad, pero no la crea ni la garantiza, porque tampoco crea la realidad: el cáncer no es malo por consenso, el alimento no es saludable por votación, y una postura mayoritaria no es verdadera por ser mayoritaria. De hecho, a lo largo de la historia, se han dado consensos falsos e injustos. **MacIntyre,** en su *Historia de la ética,* se pregunta qué validez tiene un consenso sobre el asesinato en masa de los judíos. Y responde que el consenso solo es legítimo cuando todos aceptan normas básicas de conducta moral.

Nuestra época tiende a pensar que la moralidad es siempre subjetiva, pero se trata de una conclusión precipitada. Robert **Spaemann** lo ilustra con un interesante ejemplo: la responsabilidad materna no se funda en un sentimiento subjetivo, ni en un razonamiento, sino en una percepción elemental: dado que el niño necesita de la madre, la madre se debe por completo al niño, sin necesidad de diálogos ni consensos.

17. Mayorías manipuladas

Volvemos con los encantadores. Decíamos que el consenso no crea ni garantiza la verdad. En 1992, cuando la policía peruana capturó al líder del grupo terrorista Sendero Luminoso, el escritor **Vargas-Llosa** se apresuró a declarar su oposición a la pena de muerte. Y, cuando el periodista que le entrevistaba le recordó que la mayoría de los peruanos aprobaban esa condena, el escritor fue tajante: "La mayoría está equivocada. La minoría lúcida debe dar una batalla explicándole que la pena de muerte es una aberración".

Aunque la conclusión del premio Nobel es discutible, la historia nos enseña que los seres humanos hemos estado mayoritariamente de acuerdo en colosales disparates, vigentes durante mucho tiempo. El problema no es nuevo. Hace siglos que **Francisco de Vitoria** –uno de los fundadores de la **Escuela de Salamanca**– lo planteó al hablar de los sacrificios humanos entre los aztecas: "No es obstáculo el que todos los indios consientan en esto (…) pues no tienen derecho a entregarse a sí mismos y a sus hijos a la muerte". Y es que los consensos puramente fácticos no bastan para legitimar nada.

Por su identificación con la realidad, sabemos que la verdad no consiste en la opinión de la mayoría, ni en un término medio entre opiniones diferentes. Además, apoyarse en la mayoría equivale a despreciar la inteligencia, como sugiere el conocido diagnóstico de **Erich Fromm:**

El hecho de que millones de personas compartan los mismos vicios no convierte esos vicios en virtudes; el hecho de que compartan muchos errores no convierte dichos errores en verdades; y el hecho de que millones de personas padezcan las mismas formas de patología mental no hace de esas personas gente equilibrada.

Si equiparamos verdad y opinión mayoritaria, nos sometemos a quienes crean artificialmente esa opinión, tomamos por verdad aquello que decide quien tiene poder para conformar la opinión pública. **Sócrates,** calumniado por sus conciudadanos, desenmascara esa estrategia:

Sí, atenienses, debo defenderme y tratar de arrancaros del ánimo, en muy poco tiempo, una calumnia que habéis estado escuchando durante muchos años. Aunque me gustaría conseguirlo, me parece difícil y no me hago ilusiones. Intrigantes, activos, numerosos, mis acusadores han hablado de mí con un plan concertado de antemano y de manera persuasiva, os han llenado los oídos de falsedades desde hace ya mucho tiempo, y prosiguen violentamente su campaña de calumnias.

La equivocación de las mayorías se pone de manifiesto en los **tópicos,** esas ideas simples, ampliamente difundidas en todos los estratos de la sociedad. No tenemos inconveniente en aceptar la parte de verdad que contienen generalizaciones como el buen fútbol brasileño, el humor inglés, la gracia andaluza, la retórica de los argentinos, el trabajo eficiente de los japoneses, la perfección técnica de los alemanes... Pero las ideas simples y universalmente aceptadas también pueden ser falsas, y esa falsedad puede confundir gravemente a millones de personas, a países enteros. Veamos algunos ejemplos.

- **De qué mono desciende el hombre,** se preguntaba **Tom Wolfe** con ironía. Porque el estudio comparado de ambos genomas descubrió, a finales del siglo XX, que no hay tal descendencia: Ambas ramas surgen de un antepasado común, que desapareció hace cinco millones de años. Sin embargo, no hay libro de Biología o programa de divulgación científica donde no aparezca un dibujo de simios y homínidos en procesión, con el Homo sapiens a la cabeza. Y esa sola imagen vale más que mil palabras y parece el argumento definitivo que explicaría la evolución del mono al hombre. Einstein sentenció que es más fácil desintegrar un átomo que acabar con un prejuicio.

Democracia y libertad, palabras casi divinizadas, parece que se implican mutuamente. Pero solo lo parece. **John Adams,** segundo presidente de los EE.UU., dejó escrito que "cuando las elecciones terminan, la esclavitud comienza". Y **Tocqueville** describió la primera república francesa como una "dictadura democrática", algo perfectamente posible cuando el gobierno de una mayoría equivale a dos lobos y una oveja decidiendo qué van a cenar esa noche.

La principal objeción contra el voto es la ignorancia del votante, como demuestra cualquier encuesta sobre los conocimientos del ciudadano en temas de interés público (economía, educación, sanidad, política exterior…). Decía **Churchill** que «el mejor argumento contra la democracia es una conversación de un cuarto de hora con el votante medio».

El historiador romano **Tito Livio** sentenció que "nada hay más vano e inconstante que la multitud". Por esa razón se opusieron a la democracia **Sócrates y Platón.** Por la misma razón, **Alcuino de York** escribía a **Carlomagno,** hacia el año 800:

> No se debería escuchar a los que dicen que la voz del pueblo es la voz de Dios, pues el desenfreno del vulgo está siempre cercano a la locura.

- Todo el mundo aprueba que se destine *el dinero público para la escuela pública*. Pero se trata de un eslogan tan inteligente como falaz, pues el primer "público" significa "todos", pero el segundo significa "algunos". En realidad, se está pidiendo que el dinero de todos ayude solamente a algunos.

- Se repite como un mantra que **el mundo está superpoblado** y necesita políticas antinatalistas. Sin embargo, para ver lo contrario basta con subirse a un avión. Y preguntarse por qué algunos de los países con más densidad de población se cuentan entre los más prósperos. No existe un porcentaje óptimo de habitantes, ni una relación causal entre densidad y nivel de vida. Así lo ponen de manifiesto porcentajes y desarrollos tan diversos como los que encontramos en Australia (3 habitantes por kilómetro cuadrado), Canadá (4), Libia (4), Bolivia (6), Noruega (14), República del Congo (15), Finlandia

(17), Estados Unidos (25), Etiopía (35), Guinea Ecuatorial (44), Costa Rica (96), Francia (98), China (145), República Dominicana (160), Italia (201), El Salvador (302), Holanda (354), Haití (391), India (403), Corea del Sur (409), Taiwán (668), Singapur (7.798).

- Una rápida comparación de los datos anteriores nos dice que la diferencia de nivel socioeconómico no la marca la densidad de población, sino los regímenes políticos y la educación.

- **Edad Media** significa, para muchos, época de subdesarrollo generalizado, de ignorancia y brutalidad. Pero esa época supuestamente salvaje acabó con la mayor lacra del mundo antiguo, convirtiendo a los esclavos en pequeños propietarios rurales. Esos mil años de "oscuridad" también inventaron dos estilos artísticos internacionales y la Universidad, forma superior de enseñanza y convivencia culta, origen de lo que hoy conocemos como primer mundo.

- La Edad Media es un ejemplo perfecto de manipulación lingüística. Bien pensado, todas las edades anteriores a la nuestra han sido medias, pero solo sobre una muy concreta recae la etiqueta "Edad Media". Lo mismo podría decirse del "Antiguo Régimen", pues todas las sociedades humanas, excepto la actual, son antiguas. ¿Quién puso en circulación ambas expresiones? ¿Con qué intención? Los revolucionarios franceses, herederos de la obsesión anticristiana de Voltaire, sabían muy bien que, quien impone el lenguaje, impone la forma de pensar de una sociedad.

- La verdad sobre la **ilustración** y la **Revolución Francesa** no suelen encontrarla los escolares en sus libros de texto. Es cierto que una élite de hombres jóvenes apuntó en Francia hacia un triple ideal, aboliendo los dos poderes que habían configurado Occidente desde la caída de Roma: la monarquía y la Iglesia. Pero no es menos cierto que la Revolución, después de cortar la cabeza al rey y a la reina, guillotinó a sus propios líderes, disolvió o expulsó a las órdenes religiosas, confiscó sus bienes, monopolizó la enseñanza, legisló de forma sectaria, desató el caos, provocó la guerra civil, impuso el Terror e hizo necesario a **Napoleón.** El pintor Delacroix no lo pudo expresar mejor.

- La modernidad tiende a pensar que **la razón y la fe son incompatibles,** pues identifica religión con sentimiento o superstición. Sin embargo, son innumerables los científicos que han demostrado la compatibilidad: Newton, Galileo, Kepler, Leibniz, Descartes, Pascal…

• En la historia de las revoluciones científicas sobresalen tres: la superación del modelo cosmológico geocéntrico, el descubrimiento de los genes y la hipótesis del Big Bang. Sus autores son, respectivamente, **Copérnico, Mendel** y **Lamêitre.** Pertenecen a épocas y países diferentes, pero presentan una sorprendente coincidencia: los tres son sacerdotes católicos. En el siglo XXI, entre los científicos cristianos con prestigio internacional –premiados algunos con el Nobel– encontramos a Paul Davies, Francis Collins, William Phillips, John Lennox, John Polkinghorne, Freeman Dyson, Allan Sandage y Richard Smalley…

Mucha gente, incluso ilustrada, piensa que **verdad es lo que dice la ciencia,** y que fuera de ella solo hay ignorancia o superstición, nunca conocimiento. Sin embargo, aunque gran parte de la humanidad daría cualquier cosa por conocer el sentido de la vida, si preguntamos a la ciencia obtenemos un resultado deprimente: no sabe, no contesta. La ciencia tampoco agota el territorio de la verdad, ni mucho menos. Entre otras cosas porque tiene muy poco que decir sobre nuestra experiencia ética y estética, sentimental y religiosa, psicológica y cultural. El filósofo **Edmund Husserl,** padre de la fenomenología, dejó escrito:

> La ciencia nada tiene que decir sobre la angustia de nuestra vida, pues excluye por principio las cuestiones más candentes para los hombres de nuestra desdichada época: las cuestiones sobre el sentido o sinsentido de la existencia humana.

• En algunas sociedades es un tópico pensar que **el aborto es un derecho.** Sin embargo, frente a todos los argumentos abortistas, la defensa del no nacido se apoya en una pregunta modesta, pero con enorme fuerza argumental: ¿no será el embrión, desde su punto de partida, un individuo llamado a la autonomía y al protagonismo de su propia vida? Podrá discutirse y habrá que sopesar los argumentos. Pero si algo está claro es que, en la duda, es obligatorio respetar la vida: nadie puede disparar en el bosque cuando duda si lo hace sobre un hombre. Por ello, el **aborto** voluntario –con las circunstancias atenuantes que sean del caso– constituye un homicidio especialmente grave. Sin embargo, su gravedad se ha ido debilitando progresivamente en las conciencias, y su aceptación en la mentalidad, el discurso, las costumbres y las leyes evidencia una enorme crisis del sentido moral, cada vez más incapaz de distinguir entre el bien y el mal.

18. Mentira y manipulación

La mentira, connatural al ser humano, tiene en nuestros días tentáculos que llegan al rincón más remoto del planeta. Basta un teléfono móvil para comprobarlo. **Mentir** es decir falsedad con intención de engañar; es hablar u obrar contra la verdad para inducir a error a quien tiene derecho a conocer esa verdad. Se trata de una práctica tan vieja como la humanidad. **Tucídides** observó que la primera víctima de toda guerra es la verdad. **Maquiavelo** no tiene empacho en afirmar que un gobernante prudente no puede ni debe mantener la palabra dada, cuando tal cumplimiento redunda en perjuicio propio y cuando han desaparecido ya los motivos que le obligaron a darla. Según **Hannah Arendt,** el "estar en guerra con la verdad" va implícito en la naturaleza de la política, definida en su día por **Disraeli** como "el arte de gobernar a la humanidad mediante el engaño".

La vida en común se torna difícil sin confianza recíproca, si la veracidad, la sinceridad y la franqueza no predominan sobre el disimulo, la hipocresía y la mentira. Al socavar la confianza entre las personas, la mentira rompe el tejido de las relaciones humanas. También atenta contra la libertad del engañado, pues solo juzga y elige correctamente quien conoce la verdad.

No mentir es una de las primeras obligaciones éticas. También lo es la obligación de decir la verdad, aunque supeditada al bien común, a la seguridad individual y al derecho a la privacidad: de ahí el deber de guardar el secreto profesional que pesa sobre jueces y policías, médicos y abogados, profesores y bancos…

Mentir es, casi siempre, manipular. Se manipula cuando se presenta lo falso como verdadero, lo positivo como negativo, lo degradante como enriquecedor… Las tres causas principales de la manipulación se corresponden con las tres apetencias más fuertes que encontramos en toda sociedad: el poder económico, el poder político y el placer. Quienes controlan esos resortes desean reducir a las personas a la condición de votantes y consumidores.

Entre los antiguos, el **"pan y circo"** de los romanos constituye un excelente ejemplo. Entonces y ahora, las campañas que ofrecen ese cebo suelen convertir al hombre en pobre hombre, porque las ramas del deseo le impiden ver el bosque lleno de posibilidades de su libertad. Modalidad moderna del "pan y circo" es la **manipulación de la sexualidad,** generadora de un comercio pornográfico enormemente rentable. Redes sociales, medios de comunicación y productos culturales de todo tipo imponen el modelo LGTB, con la idea de que el placer sexual conseguido por cualquier medio y a cualquier edad es necesario, lo único realmente humano, la auténtica finalidad de la vida.

A la rentabilidad económica del consumo sexual se suma una torpe rentabilidad política. Algunos gobernantes suministran a la sociedad una dosis que mantiene **despierta la sensibilidad animal** de los ciudadanos. Excitado artificialmente el deseo, la persona concentra su atención en ese punto, como el animal en su comida o en su apareamiento. Si el gobernante obsesionado por el poder no tiene escrúpulos, intentará que la sociedad esté hipersexualizada, pues un rebaño es mucho más fácil de manejar que un conjunto de hombres libres. **Lenin** aseguró a los dictadores comunistas que, si lograban este tipo de corrupción, cualquier sociedad caería en sus manos como fruta madura.

Otra de las formas modernas que adopta el "pan y circo" es la denunciada por **Miguel Delibes** en este párrafo:

Se trata de un juguete para adultos que influye en la manera de pensar. Quizá el juguete moderno con más éxito y que suministra el único alimento intelectual de un elevadísimo porcentaje de seres humanos. La difusión de consignas, la eliminación de toda crítica, la exposición triunfalista de logros parciales o insignificantes, y la misma publicidad subliminal, van moldeando el cerebro de millones de televidentes que, persuadidos de la bondad del sistema, o simplemente fatigados, pero, en todo caso, incapacitados para pensar por su cuenta, terminan por hacer dejación de sus deberes cívicos, encomendando al EstadoPadre hasta las pequeñas responsabilidades comunitarias.

Los profesionales que trabajan para este medio de comunicación son con frecuencia los primeros en lamentar su poder degradante. **Vittorio Gassman** declaraba a la prensa:

La televisión trata de agradar a millones de personas, y por eso no puede evitar ser una gigantesca estupidez. Las jóvenes generaciones no leen, no estudian, no se instruyen, creen aprenderlo todo en la pantalla. La televisión ha sustituido a la realidad, pero es una gran mentira, un espejismo peligroso, una auténtica *máquina di merda*.

Entre las formas más habituales que adopta la mentira encontramos —además de la mentira descarada— las medias verdades, las palabras con significado variable, el silencio culpable y los eufemismos. Hablamos con **eufemismos** cuando llamamos desaceleración a una grave crisis económica; cuando llamamos económicamente débiles a los pobres; diversidad a la discapacidad; interrupción del embarazo al aborto; democracias populares a las dictaduras comunistas…

La manipulación se apoya a menudo en la fuerza de datos y cifras difíciles de comprobar. Así, en Francia, la campaña a favor de la legalización del aborto falseó las cifras y multiplicó por cuatro el número real. Lo reconoció doce años más tarde el Instituto Nacional de Estudios Demográficos. Convertido en argumento estrella de la campaña, **el aborto masivo y clandestino no existía,** pero fue "creado" por el simple procedimiento de afirmar que existía. No es extraño que el descubrimiento de mentiras de este tipo provoque la pintoresca reacción de los negacionistas: ¿ustedes creen realmente que los astronautas norteamericanos llegaron a la Luna?

La manipulación suele servirse de **grandes palabras con significado amplio, vago,** incluso contradictorio. Entre otras: ética, progreso, democracia, tolerancia, derechos, libertad, justicia, ciencia, razón... Por su generoso significado, suelen ser comodines que no faltan en los grandes discursos. De ellas dijo **Larra** que "hay quien las entiende de un modo, hay quien las entiende de otro, y hay quien no las entiende de ninguno".

Silenciar también es manipular. Ningún periodista ignora que se manipula más por **lo que se calla** que por lo que se dice. Frente al silencio clamoroso, la grosera **mentira descarada.** En 1983, **Fidel Castro** dirigía estas palabras a un grupo de periodistas franceses y norteamericanos:

> En Cuba no tenemos ningún problema de derechos humanos: aquí no hay desaparecidos, aquí no hay torturados, aquí no hay asesinados.

* * *

En la concepción realista del conocimiento humano, el sujeto observa la realidad y se hace de ella una idea. En el idealismo posterior a Kant, el sujeto parte de una idea previa y encaja en ella la realidad. Esta inversión la heredan las ideologías, una docena de filosofías que no están interesadas en conocer el mundo, sino en transformarlo. Para ello, llegan con una idea preconcebida e intentan ahormar con ella la realidad. Esas ideas preconcebidas, con frecuencia materialistas y utópicas, se aprecian bien en el positivismo jurídico, en el comunismo, en los nacionalismos, en el ecologismo, en el feminismo radical y en la ideología de género.

Tal actitud es compartida hoy por un significativo número de científicos. Uno de los más mediáticos, **Stephen Hawking,** fallecido en 2018, trabajó sin descanso en hipótesis cosmológicas que supo divulgar en ensayos como *El Gran Diseño*. En su campaña promocional, el astrofísico afirmó que el propósito del libro era "expulsar al Creador":

> El Universo pudo crearse a sí mismo de la nada, y de hecho lo hizo. La creación espontánea es la razón de que exista algo, de que exista el Universo, de que nosotros existamos. Por eso no es necesario invocar a Dios.

El prejuicio antimetafísico de Comte le lleva también a reemplazar la ética (prescriptiva) por la sociología (meramente descriptiva), y a poner la fuente del Derecho en el legislador, negando la ley natural. "Un niño es lo que dice la ley", repetía **Hillary Clinton** en campaña, al ser preguntada por el estatuto y los derechos del embrión. Pero la historia reciente ha demostrado sobradamente que, si no hay ámbitos prepolíticos, si la última palabra la tienen las mayorías, es fácil cometer cualquier barbaridad.

La verdad suele ser una palabra vacía en el discurso ideológico, una ficción útil, igual que otros conceptos y valores esenciales: justicia, libertad, democracia, progreso… El ideólogo empleará esas palabras como el torero cita con el capote. George **Orwell** y Aldous **Huxley** mostraron cómo el uso ideológico del lenguaje crea siempre una neolengua al servicio de la manipulación y de las distopías.

19. Posverdad y corrección política

Nuestro tiempo posmoderno –tan bien descrito por Bauman y Lipovetsky– es relativista, declara superada la verdad y se instala en la posverdad. En 2016, *posverdad* fue elegida palabra del año por el *Oxford English Dictionary,* donde leemos que se trata de una predisposición a poner los sentimientos y las convicciones personales por encima de los hechos.

Una falacia posmoderna –pensar que todas las opiniones son igual de respetables y valiosas– ha facilitado el auge de la posverdad. Esa falacia arraiga y crece fácilmente en un mundo donde la sobredosis de información hace que todo nos parezca confuso, profuso y difuso. La posverdad proporciona una tabla de salvación en medio de ese caos, nos brinda un mecanismo psicológico de defensa, la ilusión de saber a qué atenernos. Por eso aparece en **cuestiones tan abiertas** como el cambio climático, el feminismo o la inmigración, donde la ideología ayuda a tomar postura ante problemas **que se nos escapan.** Pero la ideología simplifica, distorsiona y barre para casa. Ya lo había dicho Nietzsche: no hay verdades, solo interpretaciones.

Se ha dicho que la posverdad es "la mentira de toda la vida". Pero es preciso añadir que la situación actual presenta dos preocupantes **novedades: la amplia aceptación social de la mentira y el porcentaje creciente de los que mienten,** pues convierten los casos puntuales en epidemia.

* * *

Dentro de la posverdad ha brotado lo que se conoce como **corrección política,** cierta ortodoxia cultural pronta al linchamiento mediático del hereje. El lenguaje "políticamente correcto" domina el discurso público y censura cualquier transgresión, de espaldas a la célebre definición de **Orwell:** "La libertad es el derecho de decir a la gente aquello que no quiere oír". Una censura perversa, pues no la ejerce el Estado, el Gobierno, el Partido o la Iglesia, sino grupos difusos de la sociedad civil.

Los ejemplos son innumerables, y van de lo más ridículo a lo más execrable, como el sonado escándalo de las niñas de Rotherham, en el deprimido Norte de Inglaterra. Durante años, un grupo de varones abusó de menores blancas de clase baja. A pesar de las denuncias de algunas funcionarias de los servicios sociales, la administración municipal laborista desoyó los avisos por temor a ser tachada de xenófoba y racista, porque los varones… eran de origen pakistaní.

La corrección política es, en parte, un producto ideológico de la gran factoría cultural marxista. Los pensadores de la Escuela de Frankfurt, con el pretexto de no ofender a grupos raciales, sexuales, étnicos, culturales o religiosos, fueron eliminando del ámbito público los conceptos que sostienen Occidente. **Lukács** resume su propósito en estas palabras: "El marxismo solo triunfará si se derrumban los valores de la civilización occidental". Estamos, como hemos dicho, ante una revisión del marxismo, que prueba fortuna en el ámbito cultural tras haber fracasado en el terreno económico. **Patrick Buchanan** lo resume así en su obra *The Death of the West:*

> La corrección política es marxismo cultural, un régimen para castigar a los disidentes y para estigmatizar las herejías sociales, justo como la Inquisición castigó las herejías religiosas. Su sello es la intolerancia.

El historiador **Stanley Payne** advierte que la corrección política domina en Occidente el discurso público, las manifestaciones culturales y el mundo universitario, con la ayuda de un producto estrella: la **memoria histórica.** Su mejor ejemplo lo encuentra en España, donde esa peculiar *memoria* "se circunscribe a la represión contra las izquierdas durante la Guerra Civil y/o la dictadura de Franco, no a la represión que ejercieron las izquierdas sobre las derechas durante la Segunda República y la Guerra Civil".

Con setenta años de adelanto, **George Orwell** profetizó la imposición *soft* de lo políticamente correcto y los hábiles mecanismos de la autocensura. Uno de los cuatro editores que rechazaron la publicación de *Rebelión en la granja* le escribió que era "muy desaconsejable publicarlo en el momento actual", y que "la elección de cerdos como casta gobernante ofenderá a mucha gente, sobre todo si es alguien un poco quisquilloso, como sin duda son los rusos". Esa censura le hará escribir que "la cobardía intelectual es el peor enemigo al que tiene que enfrentarse un escritor o periodista en este país".

20. Dos casos reales

Ciudadano Kane

Imperiofobia y Leyenda Negra, un minucioso y apabullante estudio de **María Elvira Roca** sobre propaganda mentirosa, desinformación y calumnia, puede dejar boquiabierto al mejor informado de los lectores. Entre sus innumerables ejemplos, relativos a cinco siglos de historia de Europa y América, encontramos el conocido *casus belli* que acabó con las últimas posesiones de España en América. Al expansionismo norteamericano le interesaba mucho Cuba. La prensa amarilla estadounidense, con **William Randolph Hearst** y **Joseph Pulitzer** a la cabeza, se empleó a fondo en una campaña para convencer a la opinión pública de que aquella guerra era necesaria y justa.

Así las cosas, el 15 de febrero de 1898, a las 21:40 horas, el acorazado *Maine* explotó en la bahía de La Habana. De los 355 tripulantes, murieron 254 marineros y dos oficiales. El resto de la oficialidad disfrutaba, a esas horas, de un baile dado en su honor por las autoridades españolas. Aunque el capitán declaró desconocer la causa de la explosión, la prensa norteamericana acusó inmediatamente a los militares españoles. Ante las reticencias de su fotógrafo en La Habana, Hearst fue tajante: "Usted proporcione las imágenes y yo proporcionaré la guerra".

Se declaró la guerra y se desató una histeria colectiva: "¡Recordad el *Maine,* al infierno con España!". En privado, Pulitzer bromeaba diciendo que nadie en su sano juicio podía creer que España realmente hubiera decidido hundir el barco. Hearst falleció en 1951, siendo propietario de televisiones que sumaban el 18 por ciento del total de las emisiones, de 16 periódicos y 16 radios. El también periodista Ernest L. Meyer le dedicó esta dura semblanza:

> El señor Hearst, en su larga y poco honorable carrera, ha inflamado los ánimos de los americanos contra los españoles; de los americanos contra los japoneses; de los americanos contra los filipinos; de los americanos contra los rusos. Y para orquestar sus incendiarias campañas ha impreso retorcidas mentiras, documentos inventados, historias

de falsas atrocidades, delirantes editoriales, fotografías sensacionalistas y montajes de todo tipo, al servicio de su patrioterismo violento.

En Hearst se inspiró Orson Welles para crear *Ciudadano Kane,* una de las obras maestras de la historia del cine.

* * *

En la columna de prensa que reproducimos, la verdad de un hecho aparece en toda su complejidad biológica, moral y jurídica. Está tomada de ECD Confidencial Digital, 5 enero 2024.

No voy a ser padre
Alejandro Navas

Copio un titular de prensa reciente: "Bertín Osborne, implacable tras nacer su hijo: 'He decidido que no quiero ser padre. No voy a ser padre'". El famoso showman se refiere al que es su séptimo hijo, nacido el 31 de diciembre, fruto de su relación con la modelo Gabriela Guillén. El artista pronunció esas palabras dentro de una entrevista concedida a la revista *Hola*. Seguía: "Con Gabriela ha pasado lo que ya todo el mundo sabe. Yo tuve con ella una relación de poco tiempo y, un buen día, me dijo que estaba esperando un hijo. Yo le dije: Mira, como tienes dos opciones, que sepas que yo estaré ayudando en cualquiera de las dos. Pero sí que a mí no me toca ahora ser padre otra vez". Lo cortés no quita lo valiente, así que el cantante añade que tomará las medidas oportunas en cuanto a su paternidad: "Cuando lo tenga (el bebé), evidentemente, tendremos que hacer alguna prueba. Yo tengo una responsabilidad. Tengo mucha familia. Tengo hijos, nietos… Sería una irresponsabilidad no hacerme las pruebas. Pero no por nada, sino porque creo que es de justicia para todo mi entorno hacerlo. Es lo que todo el mundo haría…".

Veo en las palabras de Bertín todo un compendio de análisis sociológico del mundo actual. Entresaco algunos rasgos significativos.

Seguimos viviendo bajo los efectos de la 'revolución sexual', que presenta el sexo como algo exclusivamente lúdico, divertido, gratificante y trivializado, de lo que sería absurdo privarse. Esa revolución, sumada a algunos desarrollos del feminismo y de la ideología de género, lleva al rechazo de la función biológica del sexo, orientada a la reproducción. Se puede decretar que la sexualidad como biología es despreciable y que (casi) todo sería una construcción cultural, lo que implica la equiparación de las más diversas 'orientaciones' sexuales, pero la naturaleza está ahí, inmune a nuestros malabarismos conceptuales. De la unión entre la mujer y el varón puede resultar un embarazo (de la mujer) y así se ha reproducido la humanidad desde siempre. Ejemplifica esa condición el poeta alemán Gottfried Benn cuando, en unos versos dirigidos a sus hijos, escribió: "No creáis que yo pensaba en vosotros cuando estaba con vuestra madre. Sus ojos brillaban tanto con el amor".

Muchas mujeres —y también varones, por supuesto, y seguramente más ellos que ellas— parecen asombrarse del embarazo que sigue a la cópula: "¿Cómo ha podido pasarme esto a mí?". Extraña ingenuidad. Como si no entendieran que, puesta la causa, es normal y factible que se siga el efecto correspondiente. Se advierte en esa reacción una monumental falta de responsabilidad, la incapacidad para asumir las consecuencias de las propias acciones (manera tradicional de definir la inmadurez). Suena irresponsable querer disfrutar del sexo y no querer el hijo que puede venir a continuación. ¿Cómo sorprenderse ante lo más natural del mundo?

Supuesto que Bertín sea el padre del hijo de Gabriela, no tiene sentido que el cantante declare que no va a ser el padre. Ya lo es, y para ese hecho biológico no hay vuelta de hoja. Se puso una causa y se siguió el efecto proporcionado. Resistirse a aceptarlo es infantilismo irresponsable, que linda con el cinismo cuando se quiere eludir las obligaciones derivadas de la paternidad. El cantante puede negarse a ejercer de padre (aunque también se ha mostrado dispuesto a ayudar a la madre con dinero), pero no puede negar su condición de progenitor.

Retrata igualmente a nuestra cultura la equiparación que realiza Bertín entre 'las dos opciones' disponibles para la madre, una vez constatado el embarazo (como es asimismo típico que no se nombre el aborto). El caballero se hace gentilmente a un lado y deja 'el problema' en manos de la dama. Eso sí, le asegura su ayuda, sea cual sea la opción elegida. ¿Cómo puede pretender el varón que el embarazo es asunto que atañe a la madre en exclusiva? Tantos hombres que dejan preñada a la mujer y se quitan de en medio sin mover un músculo, reprochando a la mujer su 'falta de cuidado' (procede reconocer que también se da, con menor frecuencia, la situación inversa: mujer embarazada que decide abortar sin contar con el padre, incluso contra su voluntad). ¿Cuándo llegará a calar, cultural y legalmente, la realidad de que en la concepción de una nueva vida colaboran el padre y la madre?

Termino de desgranar la sociología implícita en el episodio Bertín-Gabriela: el artista tiene 69 años y la modelo, 32. Una diferencia de 37 años supera ampliamente la media. No hay que descartar un amor auténtico a esas edades, pero aquí se podría hablar de veteranos que se resisten a envejecer, a la conquista de una segunda juventud, y de mujeres jóvenes que buscan dinero y notoriedad al lado de mayores bien situados.

Alejandro Navas
Profesor de Sociología

BIBLIOGRAFÍA

María Elvira Roca, *Imperiofobia y Leyenda Negra*

Desde su aparición en 2017, este libro se convirtió en una enorme sorpresa editorial. No solo por sus ventas y reediciones constantes, sino por la solidez y valentía de una autora desconocida hasta ese momento, que desmontaba el enorme andamiaje de falsedades conocido como Leyenda Negra. En su estela, especialistas y divulgadores de la historia de España y América, a uno y otro lado del Atlántico, no dejan ya de repetir sus tesis.

George Orwell, *Rebelión en la granja*

Para implantar la justicia, los cerdos de la Granja Animal diseñan un Estado-policía en el que "todo lo que no es obligatorio está prohibido". En la nueva sociedad los animales son iguales, "pero algunos son más iguales que otros". La fábula de Orwell simboliza la historia del Comunismo, desde sus orígenes quizá idealistas hasta la implantación de "la mayor empresa carcelaria de la humanidad".

V
¿ES DIOS UN ESPEJISMO?

Aquellos de nosotros que durante años hemos ocultado cortésmente nuestro desprecio por la peligrosa alucinación colectiva que es la religión, necesitamos ponernos de pie y hablar.

Richard Dawkins

El Dios de la Biblia es también el Dios del genoma. Se le puede adorar en la catedral o en el laboratorio, porque su creación es majestuosa, sobrecogedora, complejísima y bella, y no puede estar en guerra consigo misma.

Francis Collins

La Historia enseña que casi todas las civilizaciones han apostado por la Divinidad. También pone de manifiesto que la indiferencia religiosa es una anomalía de la sociedad europea actual y del adoctrinamiento comunista en China.

Por otra parte, es fácil comprender que el sentido y el sinsentido de la vida dependen, en gran medida, de la relación de cada persona con Dios. Por ser Dios la fuente originaria y radical del sentido, desconocerle o rechazarle tiene consecuencias importantes en el carácter, la inteligencia y la conducta de las personas.

21. El nuevo ateísmo

> Hoy no cesan sus persecuciones. Allí donde encuentran un cristiano le insultan, le acosan, se ríen de él, le tratan de retrasado mental, de idiota, de ser alguien sin coraje y sin cabeza.
>
> **San Agustín**

Mientras el hombre sufra y muera, mientras siga envuelto en los misterios del universo y de la vida, la pregunta sobre Dios seguirá siendo inevitable. Desde antiguo, la respuesta fue religiosa y filosófica. Desde el siglo XVI, con las sucesivas revoluciones científicas, no pocos de sus protagonistas –casi todos cristianos– se sumaron al debate: Kepler, Galileo, Newton, Descartes, Leibniz, Mendel, Lavoisier, Linneo, Freud, Georges Lemaître, Einstein, Hawking, Francis Collins…

Es importante subrayar el cambio de tendencia. Desde la Revolución Francesa y el nacimiento de las ideologías, un casi inexistente ateísmo fue creciendo en Europa. Entre sus principales defensores: Feuerbach, Marx, Nietzsche y Freud… Pero a finales del s. XX, con el colapso político del bloque soviético murió también el ateísmo oficial. Sin embargo, lo que parecía el fin de la propaganda atea fue solo una tregua. En 2006, la revista *Wire* hablaba de un combativo **"nuevo ateísmo"**, integrado en gran medida por astrofísicos y biólogos europeos y norteamericanos. Tenían en común prestigio científico, presencia mediática, apología del ateísmo en *best sellers,* y formación filosófica y teológica escasa o nula.

Por su popularidad, **Stephen Hawking** encabezaba ese grupo. Aparecían junto a él Steven Weinberg, Sam Harris, Peter Atkins, Daniel Dennett, Christopher Hitchens, Piergiorgio Odifreddi, Michel Onfray y **Richard Dawkins.** Para comprender en qué sentido era "nuevo" el mencionado ateísmo, conviene señalar sus rasgos distintivos.

- Los *nuevos ateos* están convencidos de que solo el ateísmo es razonable, se presentan en nombre de la ciencia y tienden a pensar que Dios y la Biblia están dentro de su campo de estudio.

- Su argumentación suele ser endeble. Dado que hay muchas religiones, afirman que ninguna es verdadera. Por supuesro, no aplican esa misma lógica a las diversas posturas evolucionistas.

- Sus juicios son tajantes. Los creyentes no merecen ni siquiera tolerancia: son enfermos mentales, locos, alienados, sicópatas. Dawkins considera que el cristianismo debe ser erradicado de raíz, pues envenena la inteligencia. En esa línea intolerante, el paganismo romano más hostil, retratado por san Agustín en el siglo V, presentaba un perfil semejante al de los nuevos ateos.

- Concentran su artillería sobre abusos sobradamente conocidos de las grandes religiones, que nada tienen que ver con la existencia o inexistencia de Dios, de la misma forma que el mal carácter de Newton no invalida la ley de la gravedad.

- Desconocen que sus principales objeciones han sido profusa y brillantemente discutidas desde hace siglos. Algunos, como Odifreddi, recurren al insulto: el cristianismo es "una religión para cretinos".

- Si nos preguntamos cómo encajan los *nuevos ateos* en la amplia y seria discusión filosófica sobre Dios, "la respuesta es que no encajan en absoluto", dirá Varghese.

- Presentan la religión como lo peor que ha sucedido en la historia humana. Piensan que no solo es falsa, sino culpable de guerras, desmanes e infelicidad. En ese rechazo resultó decisivo el atentado contra el *World Trade Center* de Nueva York, el 11 de septiembre de 2001. Esa barbaridad se convirtió en la principal baza del argumentario ateo, al equiparar injustamente a las personas religiosas con los fanáticos, suicidas y asesinos.

- Aunque la argumentación de los *nuevos ateos* sea pobre e insultante, el nivel de visibilidad de sus libros es muy alto. En esa medida logran transmitir con eficacia actitudes ante la vida y sentimientos contra las religiones. Esa fuerte repercusión mediática se debe, entre otras razones, a que han salido a la plaza pública para emprender una batalla a gran escala contra la religión.

- En los *nuevos ateos* se cumplen unas viejas palabras de **Unamuno,** escritas hace un siglo: "El odio antiteológico, la rabia cientifista –no digo científica– es evidente. Tomad no a los más serenos investigadores científicos, los que saben dudar, sino a los fanáticos del racionalismo, y ved con qué grosera brutalidad hablan de la fe".
- El objetivo final de los *nuevos ateos* es ideológico y, por tanto, político: provocar la exclusión de la religión en la vida social. Con este fin promueven asociaciones ateas en todos los países occidentales, y sus libros son una llamada a la acción urgente, dirigida también a lograr la colaboración de los agnósticos e indiferentes. En esos libros hay pocos matices, predomina el blanco y negro: si el lector no está con ellos, está con el enemigo.

22. Stephen Hawking

No es necesario un Dios
para encender la mecha del Big Bang

Estamos ante un buen ejemplo de científico a quien la ciencia se le queda pequeña cuando busca respuestas a las preguntas últimas. Como tantos investigadores destacados, que trabajan en ámbitos cuyas fronteras no son fijas, **Stephen Hawking** (1942-2018) llevaba dentro un filósofo que hacía incursiones en terreno metafísico y teológico, aunque su competencia en estas disciplinas era mínima.

Su gran popularidad estuvo estrechamente asociada a la esclerosis lateral amiotrófica (ELA), diagnosticada en sus años de estudiante en Oxford. Los médicos pensaron que viviría 2 o 3 años más, el tiempo habitual en los pacientes con esa enfermedad. Sin embargo, por motivos desconocidos, se equivocaron. Su matrimonio con **Jane Wilde,** en 1965, le ayudó a superar la depresión y a encontrar sentido a su vida.

Hawking no pudo evitar el progresivo avance de la discapacidad, aunque siempre mantuvo una exigente actividad científica y pública, no exenta de dramatismo. A pesar de sus notables limitaciones físicas, trabajó incansablemente en hipótesis cosmológicas que supo divulgar de forma magistral. Su ensayo *A Brief History of Time, Una Breve Historia del Tiempo,* publicado en 1988, le dio popularidad mundial. Una de las claves del éxito la apunta su colega **Carl Sagan** en el prólogo: "La palabra Dios llena este libro". La conexión de la física con Dios llenaba también sus conferencias por todo el mundo, reforzada por la fragilidad de su imagen y por su fascinante voz artificial, que lo convertía en una especie de oráculo revelando los secretos del universo. Como contrapartida, ese éxito despertó la curiosidad de filósofos y teólogos: el libro fue sometido a un examen superior al que podía soportar, y su autor fue tomado como un charlatán por esos críticos. Hawking no se preocupó: cuando él hablaba, el mundo escuchaba.

Sin una aclaración importante, la clave del éxito apuntada por Carl Sagan puede engañar al lector. En 1990, Jane declaró públicamente, durante el proceso de divorcio, que Hawking era ateo, y que citaba con frecuencia a Dios con fines comerciales. Su declaración se vio confirmada con la aparición de *El Gran Diseño,* en 2010. El imponente despliegue promocional se centró –con expresión del propio Hawking– en "expulsar al Creador". En el libro leemos:

> Dado que existe una ley como la gravedad, el Universo pudo crearse a sí mismo de la nada, y de hecho lo hizo. La creación espontánea es la razón de que exista algo, de que exista el universo, de que nosotros existamos. Por eso no es necesario invocar a Dios.

Hawking juega con las palabras *vacío* y *nada,* pues sabe que no existen espacios sin efervescencia de partículas y antipartículas, que crean una permanente marea energética de baja intensidad. También parece ignorar que todo en el universo puede ser explicado por un conjunto de leyes, salvo la existencia de esas leyes y del mismo Universo. Hoy, científicos y filósofos fieles a la tradición de sus disciplinas, discrepan de Hawking y piensan que la opción teísta es la única seria (John Foster); que la mejor explicación de la existencia de leyes en la naturaleza es la existencia de un legislador (Swinburne).

Hawking remataba su frase con esta impactante conclusión: "No es necesario un Dios para encender la mecha del Big Bang". Tenía parte de razón, pues Dios no es necesario para encender una mecha o pulsar un botón, pero sí lo es para otro cometido de importancia absoluta: otorgar la existencia a todo lo que existe, empezando por la mecha y la misteriosa entidad que va a explotar. Las leyes de la naturaleza describen cómo se comporta el Universo, pero no nos dicen por qué existe, por qué hay algo en lugar de nada. "La gravedad explica el movimiento de los planetas, pero no puede explicar quién pone los planetas en movimiento", sentencia **Newton**.

* * *

En 1990, **John Horgan,** el principal de los escritores de la revista *Scientific American,* asistió a un simposio sobre el origen del universo, celebrado en el norte de Suecia. Al escuchar a Hawking, tuvo la impresión de que se trababa de una persona heroica, pero sus ideas le hicieron sospechar una tomadura de pelo:

> Lo que estaba diciendo me resultaba chocante y presuntuoso. ¿Agujeros de gusano? ¿Universos bebés? ¿Superespacio de infinitas dimensiones en la teoría de la cuerda? Todo aquello parecía ciencia ficción más que ciencia. Sentí más o menos la misma reacción en el resto de las intervenciones.

Horgan cree que gran parte de la cosmología moderna no es ciencia, sino teorías que escapan a toda observación y "flotan en la estratosfera de la especulación", sin posibilidad de verificación. Por eso añade:

> Yo sospecho que Hawking –que tal vez tenga menos de buscador de la verdad que de artista, ilusionista y bromista cósmico– sabe desde siempre que encontrar y validar empíricamente una teoría unificada sería una tarea extremadamente difícil, por no decir imposible (…). Pero es un consumado experto en tratar con ironía la física y la cosmología.

Es muy cierto que Stephen Hawking alimentó su popularidad con buen humor y declaraciones polémicas, que en pocos segundos se convertían en titulares de prensa y daban la vuelta al mundo. Quizá la mezcla de buena física con mala filosofía obedeció también a una estrategia comercial. La sospecha surge cuando leemos el impecable colofón de su *Breve Historia del Tiempo:*

> Aunque algún día la ciencia ofreciera respuestas a todas nuestras preguntas, siempre quedaría por responder la fundamental: ¿Por qué el universo se ha tomado la molestia de existir?

23. Richard Dawkins

> Los seres humanos presentan una curiosa tendencia irracional a creer en Dios.

Formado en Oxford, acreedor de las máximas distinciones académicas, brillantísimo escritor y conferenciante, Richard Dawkins se dio a conocer internacionalmente en 1976, con la publicación de su primer y más famoso libro: *El gen egoísta*. La tesis era simple y audaz: los protagonistas de la vida no son los seres vivos, sino sus genes: parásitos egoístas que se aprovechan de los organismos anfitriones para su propia supervivencia.

Se trata de una extraordinaria declaración, interpretada por su autor como una actualización lógica del darwinismo, a la luz de los nuevos datos que aporta la genética. En la citada obra aparecen otras dos ideas que Dawkins defenderá durante toda su vida: que la creencia en Dios es irracional y que "Darwin ofrece una solución al profundo problema de nuestra existencia. La única razonable entre todas las que se han sugerido hasta el momento". Ambos puntos pueden definir a nuestro autor en una sola línea: Dawkins ama la evolución y odia la religión.

En 1986 publica *El relojero ciego*. Quiere explicar cómo la selección natural, operando al azar, es la única causa de la inverosímil complejidad, el orden y el sofisticado diseño que contemplamos en los seres vivos. En 1995 la universidad de Oxford crea –y otorga a Dawkins– una Cátedra para la Difusión Pública de la Ciencia. El nuevo titular publica *El río del Edén,* donde leemos:

> El universo que observamos tiene exactamente las propiedades que podríamos esperar si, en el fondo, no hubiera ningún diseño, ninguna intención, ningún bien ni ningún mal, solo indiferencia ciega y despiadada.

Se trata de una variante del argumento clásico contra la existencia de un Dios bueno, todopoderoso y omnisciente. Una objeción que no han cesado de plantearse personas de todo tiempo y condición, y que también plantea la Biblia con toda crudeza en el Libro de Job. Una objeción que Tomás de Aquino abordó en el siglo XIII, al comienzo de su *Suma Teológica*. Una objeción no siempre resuelta como Dawkins. El sabio **Linneo,** a mediados del siglo XVIII, se veía a sí mismo como un "testigo atento y minucioso de la obra de Dios".

Así, en la Introducción a la duodécima edición de *Systema Naturae,* se lee:

> He contemplado las manifestaciones del infinito, omnisciente y todopoderoso Dios, y he crecido vertiginosamente en el conocimiento. He seguido sus pasos por todos los campos de la naturaleza y he visto en todos los lugares su eterna sabiduría y poder, manifestándose con toda perfección.

Con el paso de los años, la crítica de Dawkins a la religión se va convirtiendo en obsesión. En 2003 reúne sus textos más agresivos en un título muy apropiado: *El capellán del diablo*. Justifica el tono "despreciativo y hostil" porque "lo escribí inmediatamente después de las atrocidades religiosas perpetradas en Nueva York el 11 de septiembre de 2001".

Las religiones han provocado muchas guerras. Por tanto, son nocivas y deben ser suprimidas, afirma Dawkins. Pero, si reparte correctamente las responsabilidades y aplica semejante lógica a otras causas de los conflictos armados, se encontrará en la tesitura de suprimir las monarquías, las repúblicas y las democracias, porque no hay países ni formas de gobierno que no hayan declarado la guerra en múltiples ocasiones. Por otra parte, ignoramos qué motivos religiosos pudieron tener los responsables de las mayores empresas bélicas que registra la Historia: Alejandro Magno, Gengis Khan, Aníbal, Julio César, los emperadores romanos, Napoleón, Stalin, Mao, Hitler, Churchill…

Dawkins repite con entusiasmo que existen diversas religiones, así que ninguna es verdadera. Como ya hemos apuntado, se olvida misteriosamente de aplicar la misma lógica al hecho de que existen diversos evolucionismos. Nadie niega que Dawkins, además de gran científico, es un divulgador muy brillante. Sin embargo, pierde muchos puntos cuando trata la religión. Entonces, inexplicablemente, piensa y escribe simplezas y falsedades que le asemejan a los fundamentalistas que tanto desprecia. Es lo que observamos en *El espejismo de Dios (The God Delusión),* una reunión de tópicos antirreligiosos publicada en 2006.

El marxista **Terry Eagleton,** profesor de literatura inglesa en la Universidad de Manchester, empieza con este párrafo su recensión en *The London Review of Books*:

> Imagine a alguien pontificando sobre biología sin más conocimiento del tema que *The Book of British Birds*. Entonces tendrá una idea aproximada de lo que se siente al leer lo que Richard Dawkins escribe sobre teología. Racionalistas con carné como Dawkins, que es lo más parecido que tenemos a un ateo profesional desde Bertrand Russell, en cierto sentido son los menos preparados para comprender lo que fustigan, pues no creen que haya nada que comprender, o que merezca la pena ser comprendido.

A propósito de los males que Dawkins atribuye a la religión, Eagleton comenta:

> En un libro de casi 400 páginas, apenas es capaz de conceder que la fe religiosa haya procurado un solo bien a la humanidad, lo cual es tan improbable *a priori* como empíricamente falso (…). Dawkins podía habernos contado todo esto sin abochornar a los científicos que no piensan como él, y sin mostrar tan a las claras su analfabetismo teológico. También podría haber evitado ser la segunda persona más citada del libro, si contamos a Dios como persona.

Alister McGrath, profesor de Oxford, observa que Dawkins se ve forzado a enfrentarse a un hecho muy contrario a su pensamiento: "La mayoría de los científicos, con independencia de la postura religiosa que tengan, rechaza su tesis de que las ciencias naturales son una autopista intelectual hacia el ateísmo". McGrath lleva razón. Frente al estereotipo ateo de una ciencia incompatible con la fe, no hay mejor respuesta que la evidencia: muchos de los más prestigiosos científicos del siglo XXI sostienen que creer en Dios es más razonable que no hacerlo. Podríamos hablar de William Phillips, John Polkinghorne, Freeman Dyson, Allan Sandage, Richard Smalley y tantos otros. Pero nos conformaremos con Francis Collins y John Lennox.

Ya conocemos la célebre afirmacióin de **Francis Collins,** ateo hasta la mitad de su vida, primer lector del **genoma humano:** "El Dios de la Biblia es también el Dios del genoma, y se le puede adorar en la catedral o en el laboratorio". El prestigioso matemático **John Lennox,** colega de Dawkins en Oxford, señala que la **teoría del multiverso** ha sido creada por científicos ateos con la intención de prescindir del Creador. Pero Lennox piensa de otra manera:

> Creer en Dios es una opción **infinitamente más racional** que la alternativa de creer que cualquier universo que pudiera existir existe de hecho, incluyendo uno en el que **Richard Dawkins** sea arzobispo de Canterbury.

En esa interminable guerra por la interpretación, Dawkins no logró encajar la rigurosa crítica de **Antony Flew,** que le descalificó como "fanático laicista".

24. El caso Flew

> ¿Cómo puede un universo hecho de materia no pensante producir seres dotados de fines intrínsecos, capacidad de autorreplicación y una química codificada? Aquí no estamos tratando de biología: nos enfrentamos a una categoría de problemas enteramente diferente.

Antony Flew (1923-2010) estudió filosofía en Oxford y fue profesor en las universidades de Aberdeen, Keele y Reading. Reconocido especialista en David Hume, en filosofía analítica y filosofía de la ciencia, su principal actividad intelectual se centró en el debate entre teísmo y ateísmo. Fue el representante más destacado del ateísmo anglosajón en la segunda mitad del siglo XX. Su ensayo "Teología y falsificación", leído en 1950 en el *Socratic Club* de Oxford, presidido por C. S. Lewis, se convirtió en la publicación filosófica más veces reimpresa del siglo XX.

Tal vez ningún filósofo contemporáneo ha desarrollado, como Flew, una exposición tan sistemática, omnicomprensiva, original e influyente del ateísmo. Pero su argumentación atea empezó a tambalearse mientras estudiaba la información codificada en el ADN y la precisión de las leyes físicas que hacen posible el Universo. Después de décadas de reflexión llegó al convencimiento de que la naturaleza presenta indicios más que suficientes para sostener racionalmente la existencia de Dios.

En 2004 anunció su conversión intelectual al deísmo y provocó un terremoto mediático en el mundo académico anglosajón. **Soler Gil** comenta que Flew, "en un alarde de honradez intelectual poco común, decidió aceptar el término al que le habían llevado los argumentos (…) a sabiendas de que algunos de sus antiguos compañeros de armas no le perdonarían jamás su deserción".

Uno de ellos, Richard **Dawkins,** asumía en *El espejismo de Dios* el rumor –muy difundido en el ámbito de los blogueros ateos– de que el anciano filósofo estaba siendo manipulado por una caterva de cristianos fanáticos, aprovechando el declive de sus facultades mentales. La respuesta de Flew fue contundente:

> Si Dawkins hubiera tenido algún interés en comprobar la verdad, me habría escrito una carta preguntándome. Por eso, todo este asunto deja muy claro que Dawkins no está

interesado en la verdad como tal, sino en desacreditar a un adversario ideológico por cualquier medio disponible.

En 2007 explicó Flew las razones de su paso al teísmo en el libro *Dios existe (There is a God)*. Ahí aclara que su descubrimiento de lo divino –ajeno a cualquier experiencia sobrenatural– ha sido "una peregrinación de la razón, no de la fe".

Ahora creo que el Universo fue traído a la existencia por un Inteligencia infinita. Creo que las intrincadas leyes de este Universo manifiestan lo que los científicos han llamado la Mente de Dios. Creo que la vida y la reproducción tienen su origen en una Fuente divina.

¿Por qué creo ahora esto, después de haber expuesto y defendido el ateísmo durante más de medio siglo? En pocas palabras, mi respuesta es la siguiente: tal es la imagen del mundo que, en mi opinión, ha emergido de la ciencia moderna.

Cuando Flew estudia el origen del Universo, detecta –junto al espacio, el tiempo y la causalidad– un *principio de sincronización*. Salta a la vista que en ese impresionante proceso no hay nada aleatorio, no hay azar, sino un grado de orden infinitamente superior a todo lo que podemos imaginar. Orden supremo que regula las constantes físicas, las condiciones iniciales, el comportamiento de los átomos y la vida de las estrellas. Un principio que está muy por encima del universo y presente en cada partícula. Flew concluye que las leyes de la naturaleza, la organización teleológica de la vida y la existencia del universo…

Solo resultan explicables a la luz de una Inteligencia que dé razón de su propia existencia y de la del mundo. Dicho descubrimiento de lo Divino no llega por medio de experimentos y ecuaciones, sino a través de la comprensión de las estructuras que los experimentos y ecuaciones desvelan y cartografían.

* * *

Flew considera imposible que la vida surja espontáneamente de la materia por un feliz azar, o que las leyes de la Física surjan sin más del vacío. Le parece que ese discurso materialista es dogmático y simplista:

Parecen a primera vista argumentos racionales, con una autoridad que irradia de cierto tono solemne. Pero ese tono no es ninguna prueba de que sean racionales, y ni siquiera de que sean argumentos.

Entre ese tipo de argumentos aparentes sitúa Flew los que se apoyan en el azar y los que especulan con el multiuniverso. Sonríe ante el "cómico esfuerzo de Richard Dawkins para explicar, en *El espejismo de Dios,* que la vida puede atribuirse a un 'azar afortunado'. Si este es el mejor argumento que se tiene, entonces el asunto queda zanjado".

A los defensores del multiuniverso –nombre pomposo para disimular el azar–, Flew les dice:

> El hecho de que sea lógicamente posible la existencia de múltiples universos (…) no demuestra que tales universos existan efectivamente. No existe en la actualidad la menor evidencia empírica a favor del multiuniverso.

Añade Flew que "lo realmente importante es que la existencia de un multiuniverso no explica las leyes de la naturaleza":

> Haya o no multiuniverso, siempre nos enfrentaremos a la cuestión del origen de las leyes de la naturaleza. Y la única explicación viable es la Mente divina.

* * *

Dado el universo físico, **¿cómo llegó a existir la vida?** Flew sostiene que ninguna argumentación materialista es satisfactoria a la hora de explicar la primera aparición de materia viva a partir de materia inerte, y menos si ese primer ser vivo tiene capacidad de reproducción genética.

Al estar viva, la materia viviente posee una organización teleológica que falta por completo en todo lo que la precedió. Ese desarrollo futuro está contenido en una información codificada y procesada en el ADN, el ARN, los aminoácidos y las proteínas. Esas estructuras químicas están coordinadas por el código genético universal. Esto nos conduce a la gran cuestión: ¿Podemos explicar un sistema de codificación química sin recurrir a la inteligencia que necesitamos para explicar códigos humanos como la escritura y el lenguaje oral?

La misma existencia del código es un misterio. No sabemos por qué existe y por qué el mecanismo de traducción es el que es. Las teorías de la biogénesis se han concentrado en la química de la vida, pero la célula es también un sistema de almacenamiento, procesamiento y replicación de información. Un gen es un conjunto de instrucciones codificadas para construir proteínas, pero su existencia a partir de una colección de moléculas ciegas, no inteligentes, carentes de propósito, supone un enorme desafío intelectual.

Al final, el espejismo de Dios bien puede ser el particular espejismo de Richard Dawkins y Stephen Hawking, de los nuevos ateos y de los viejos. Y el Dios de la Biblia bien puede ser el Dios del genoma y del Big Bang, al que obedecen las raíces que suben a la luz y las estaciones que cambian de camisa.

24. Mensaje desde la Luna

Newton resume bien cómo entienden los padres de la Astronomía –Copérnico, Kepler, Galileo– la relación entre la ciencia y la fe: "Cuanto más profundizo en la ciencia, más creo en Dios". Coinciden también con los tres astronautas que salieron por primera vez de la órbita terrestre y rodearon la Luna, en diciembre de 1968. Eran los norteamericanos Borman, Lovell y Anders, a bordo del Apolo VIII.

Fascinados por lo que veían desde nuestro satélite, acuñaron expresiones como *planeta azul y earthrise,* referidas a la Tierra. Durante la Nochebuena, en una de las más emocionantes transmisiones televisadas que se recuerdan, quisieron compartir sus impresiones. Eran tres ingenieros con excelentes calificaciones en física nuclear, matemática aplicada y astronomía.

Pero tenían ante sus ojos un mundo sobrecogedor, que solo podía ser adecuadamente descrito con un lenguaje no científico, por medio de palabras que –supuestamente superadas por el positivismo y la ciencia– seguían siendo insuperables. Ayudados por una linterna, los tres hombres fueron leyendo por turno estas líneas:

> En el principio Dios creó el cielo y la tierra. La tierra era caos y vacío, la tiniebla cubría la faz del abismo, y el espíritu de Dios se cernía sobre la superficie de las aguas. Dijo Dios: "Haya luz". Y hubo luz. Vio Dios que la luz era buena, y separó Dios la luz de la tiniebla. Dios llamó a la luz *día,* y a la tiniebla *noche.* Así hubo tarde y hubo mañana: el día primero. Y dijo Dios: "Haya firmamento en medio de las aguas para separar unas aguas de otras". Hizo Dios el firmamento y separó las aguas de debajo del firmamento de las aguas de encima. Y así fue. Dios llamó al firmamento *cielo.* Hubo tarde y hubo mañana: el día segundo.

Los astronautas continuaron su lectura de los primeros versículos del *Génesis* y terminaron con una despedida navideña: "Buenas noches, buena suerte, feliz Navidad y que Dios les bendiga a todos, a todos ustedes en la buena Tierra".

BIBLIOGRAFÍA

Bolloré y Bonnassies, *Dios, la ciencia, las pruebas*

Este libro es la culminación de una investigación de más de tres años, realizada con la ayuda de veinte especialistas. La pregunta que abordan los dos ingenieros coautores, desde una estricta racionalidad, es si existe un Dios creador. Su objetivo es dar al lector los elementos necesarios que le permitan pensar esta cuestión, que hoy se plantea en términos muy novedosos.

Durante cuatro siglos, de Copérnico a Einstein, pasando por Galileo, Newton y Darwin, los descubrimientos científicos se fueron acumulando de manera espectacular. Algunos creyeron que era posible explicar el Universo sin la necesidad de recurrir a un Dios creador. Fue así como a principios del s. XX se asistió al triunfo intelectual del materialismo.

Pero el péndulo de la ciencia —de manera tan imprevista como sorprendente— osciló en el siglo XX al extremo contrario con una fuerza insólita. Los descubrimientos de la relatividad, la mecánica cuántica, la expansión del Universo, el ADN y los genes fueron llegando uno tras otro y lograron dinamitar las certezas ancladas en el imaginario colectivo. Hasta tal punto que hoy puede decirse que el materialismo –en el fondo una creencia como otra cualquiera– está en vías de convertirse en una creencia irracional. "Eso significa", reconoce María Elvira Roca en el prólogo, "que los no creyentes estamos abrazando una idea no científica".

Con un lenguaje accesible, Bolloré y Bonnassies relatan, de manera apasionante, la historia de estos avances científicos y ofrecen un panorama riguroso de las nuevas pruebas de la existencia de Dios. Al inicio del s. XX, creer en un Dios creador parecía oponerse a la ciencia. ¿No será hoy todo lo contrario? Este obra, donde se dan cita, con orden y criterio, las ciencias, la filosofía y la teología, es ya una referencia obligada.

Alfonso Aguiló, *¿Es razonable ser creyente?*

La pregunta sobre Dios es inevitable y radical, pues engloba las preguntas sobre el origen del Universo y del hombre, el escándalo del sufrimiento, la distinción entre el bien y el mal, el sentido de la sexualidad, la responsabilidad después de la muerte, el respeto a la vida humana... El autor, ingeniero y empresario, reconocido pedagogo y divulgador, aborda con amenidad y sentido común 50 cuestiones actuales en torno a la fe cristiana.

ÍNDICE ONOMÁSTICO

Otros títulos del autor